Tranvía de California

¡Súbete en el tranvía y disfruta de los paisajes! Investiga más sobre la vida en California en:
www.harcourtschool.com/hss

Reflexiones

CREADO EXCLUSIVAMENTE PARA CALIFORNIA

Con los ojos de un niño

Harcourt
SCHOOL PUBLISHERS

Orlando   Austin   New York   San Diego   Toronto   London
¡Visita *The Learning Site!* www.harcourtschool.com

MAPQUEST.   TIME FOR KIDS

HARCOURT SCHOOL PUBLISHERS

Reflexiones

CON LOS OJOS DE UN NIÑO

Senior Author

Dr. Priscilla H. Porter
Professor Emeritus
School of Education
California State University, Dominguez Hills
Center for History–Social Science Education
Carson, California

Series Authors

Dr. Michael J. Berson
Associate Professor
Social Science Education
University of South Florida
Tampa, Florida

Dr. Margaret Hill
History–Social Science Coordinator
San Bernardino County Superintendent of Schools
Director, Schools of California Online Resources for
  Education: History–Social Science
San Bernardino, California

Dr. Tyrone C. Howard
Assistant Professor
UCLA Graduate School of Education & Information Studies
University of California at Los Angeles
Los Angeles, California

Dr. Bruce E. Larson
Associate Professor
Social Science Education/Secondary Education
Woodring College of Education
Western Washington University
Bellingham, Washington

Dr. Julio Moreno
Assistant Professor
Department of History
University of San Francisco
San Francisco, California

Series Consultants

Martha Berner
Consulting Teacher
Cajon Valley Union School District
San Diego County, California

Dr. James Charkins
Professor of Economics
California State University
San Bernardino, California
Executive Director of California Council on Economic
  Education

Rhoda Coleman
K–12 Reading Consultant Lecturer
California State University, Dominguez Hills
Carson, California

Dr. Robert Kumamoto
Professor
History Department
San Jose State University
San Jose, California

Carlos Lossada
Co-Director Professional Development Specialist
UCLA History–Geography Project
University of California, Los Angeles
Regional Coordinator, California Geographic Alliance
Los Angeles, California

Dr. Tanis Thorne
Director of Native Studies
Lecturer in History
Department of History
University of California, Irvine
Irvine, California

Rebecca Valbuena
Los Angeles County Teacher of the Year—2004–05
Language Development Specialist
Stanton Elementary School
Glendora Unified School District
Glendora, California

Dr. Phillip VanFossen
Associate Professor, Social Studies Education
Associate Director, Purdue Center for Economic Education
Department of Curriculum
Purdue University
West Lafayette, Indiana

Content Reviewer

Dr. Judson Grenier
Professor of History Emeritus
California State University
Dominguez Hills, California

Classroom Reviewers and Contributors

Staci Andrews
Teacher
Delevan Drive Elementary School
Los Angeles, California

Kristin Carver
Teacher
Fairmount Elementary School
San Francisco, California

Susan Christenson
Teacher
McKinley Elementary School
San Gabriel, California

Fifi Chu
Teacher
Repetto Elementary School
Monterey Park, California

Linda Dean
Teacher
Webster School
Fresno, California

Stacey Firpo
Teacher
Aynesworth Elementary School
Fresno, California

Gay Grieger-Lods
Teacher
Wilson School
Richmond, California

Kathleen L. Hovore
Teacher
North Park Elementary School
Valencia, California

Kathy Stendel
Teacher
North Park Elementary School
Valencia, California

Spanish Edition Reviewers

Isabel Almeida
John H. Niemes Elementary School
Artesia, California

Cristina Britt
Educational Consultant

Jazmín Calvo
César E. Chávez Elementary School
Bell Gardens, California

Mayra A. Lozano
Venn W. Furgeson Elementary School
Hawaiian Gardens, California

Allyson Sternberg
Boone Elementary School
San Diego, California

SCHOOL PUBLISHERS

Maps
researched and prepared by

Readers
written and designed by

Acknowledgments appear in the back of this book.

Printed in the United States of America

ISBN 0-15-341665-3

1 2 3 4 5 6 7 8 9 10 032 15 14 13 12 11 10 09 08 07 06 05

Unidad 1

Las reglas y las leyes

NORMAS DE CALIFORNIA HSS 1.1

v

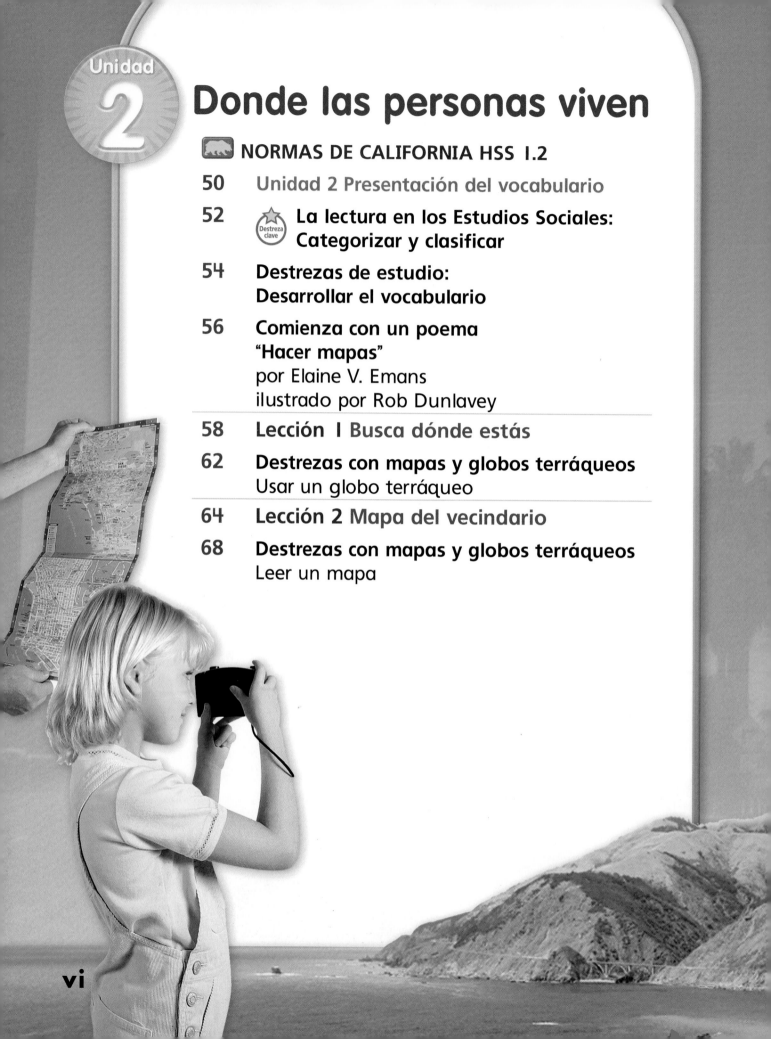

Donde las personas viven

NORMAS DE CALIFORNIA HSS 1.2

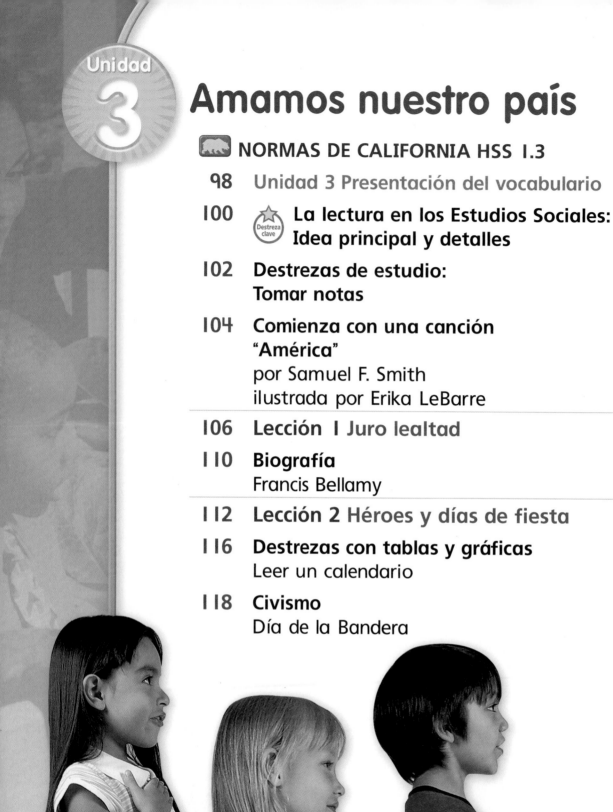

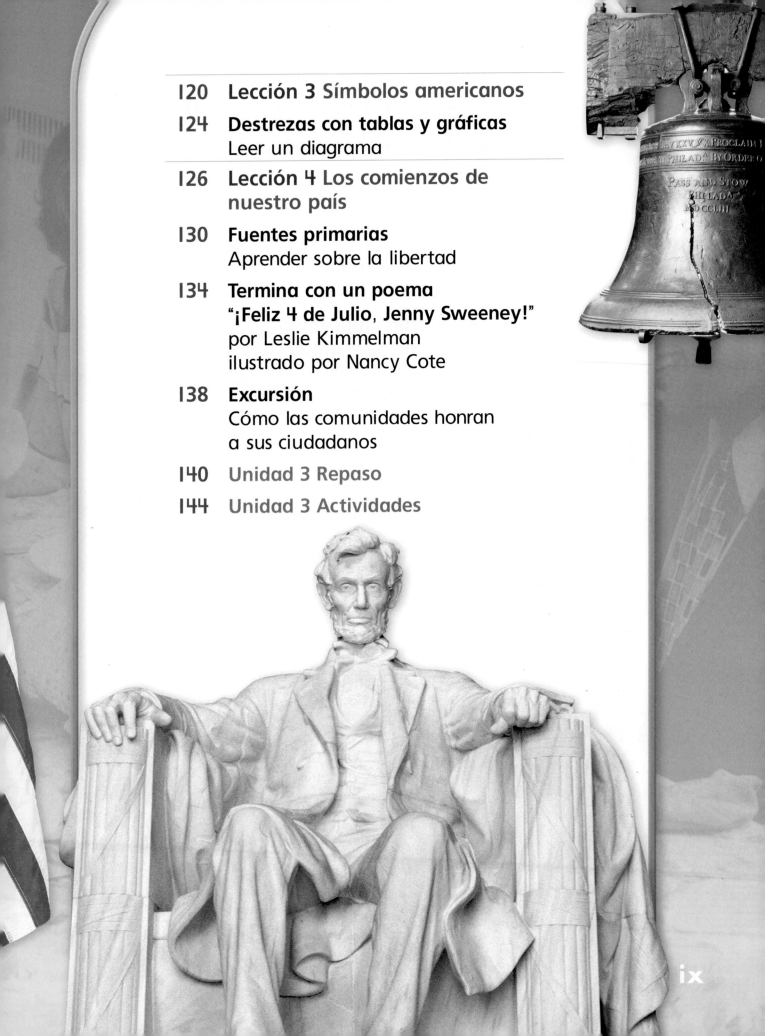

ix

Nuestro mundo cambia

NORMAS DE CALIFORNIA HSS 1.4

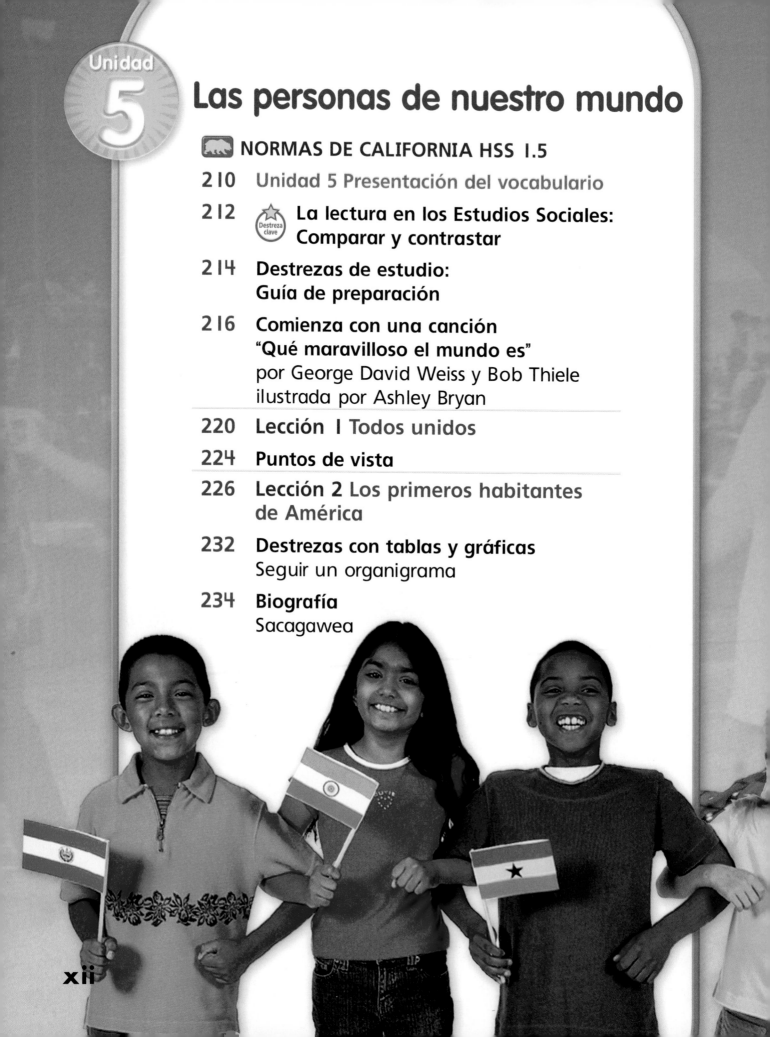

Unidad 5

Las personas de nuestro mundo

NORMAS DE CALIFORNIA HSS 1.5

Unidad 6

En el mercado

🐻 **NORMAS DE CALIFORNIA HSS 1.6**

Secciones útiles

Fuentes primarias

Documentos

Biografía

Geografía

Patrimonio cultural

Los niños en la historia

Míralo en detalle

Excursiones

Tablas, gráficas y diagramas

Mapas

Líneas cronológicas

Una historia bien contada

"¡América! ¡América!
Dios puso Su gracia en ti
y coronó a tu pueblo con fraternidad
¡de uno a otro mar!"

"América la hermosa" por Katharine Lee Bates

¿Te has preguntado alguna vez sobre tu mundo? Este año vas a aprender sobre la manera como ha crecido nuestro país con el **tiempo**. Vas a leer sobre las **personas** de tu mundo y cómo se llevan entre sí. También vas a comparar la manera como viven las personas en diferentes **lugares**.

Con los ojos de un niño

Puedes aprender más sobre ti observando a las personas que vivieron antes que tú.

Los americanos comparten muchas ideas.

Tu visión del mundo depende del lugar donde vives.

Cómo usar este libro

PARA COMENZAR

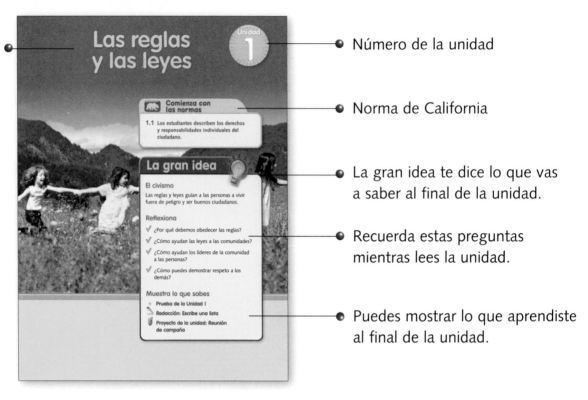

Título de la unidad

Número de la unidad

Norma de California

La gran idea te dice lo que vas a saber al final de la unidad.

Recuerda estas preguntas mientras lees la unidad.

Puedes mostrar lo que aprendiste al final de la unidad.

PRESENTACIÓN DEL VOCABULARIO

La fotografía te ayuda a comprender el significado de la palabra.

La definición te dice el significado de la palabra. El número de página te dice dónde puedes hallar la palabra en esta unidad.

Hay más información y actividades relacionadas con esta unidad en el sitio web.

Cada palabra nueva está resaltada en amarillo.

LA LECTURA EN LOS ESTUDIOS SOCIALES

Destreza de lectura y explicación

Párrafo modelo para practicar la lectura

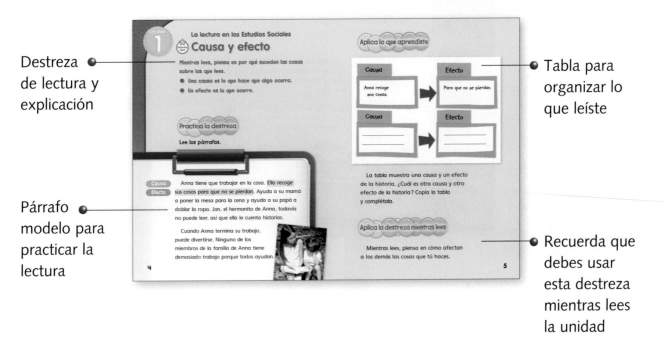

Tabla para organizar lo que leíste

Recuerda que debes usar esta destreza mientras lees la unidad

DESTREZAS DE ESTUDIO

Destreza de estudio y explicación

Actividad para practicar la destreza de estudio

Tabla que te ayuda a recordar lo que vas aprendiendo

Recuerda que debes usar el organizador mientras lees

CÓMO LEER UNA LECCIÓN

Número de la lección

Pregunta de enfoque

Algunos datos que debes hallar

Palabras para aprender

Recuerda que debes usar tu destreza de lectura

Normas de California

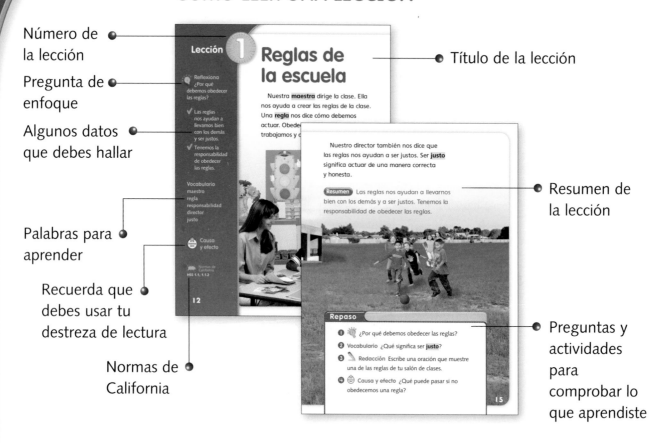

Título de la lección

Resumen de la lección

Preguntas y actividades para comprobar lo que aprendiste

PRACTICAR LAS DESTREZAS

Las lecciones de destrezas te ayudan a desarrollar las destrezas con mapas y globos terráqueos, con tablas y gráficas, de razonamiento crítico y de participación.

Categoría de la destreza

Título de la destreza de la lección

Por qué es importante la destreza

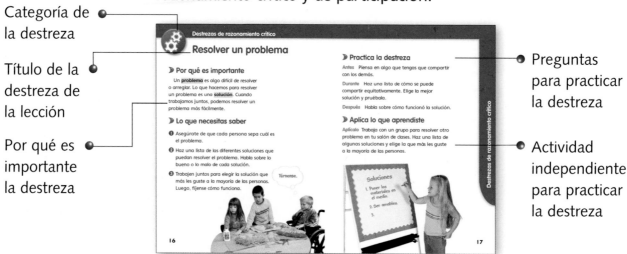

Preguntas para practicar la destreza

Actividad independiente para practicar la destreza

SECCIONES ÚTILES

Cada unidad comienza y termina con un cuento, una obra teatral, un poema, una canción, un artículo o un cuento tradicional.

Pregunta sobre la importancia del carácter de la persona

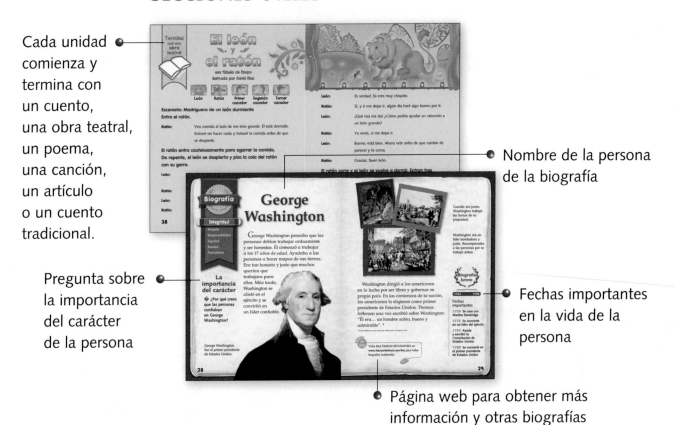

Nombre de la persona de la biografía

Fechas importantes en la vida de la persona

Página web para obtener más información y otras biografías

La sección de civismo contiene información sobre ciudadanos activos del presente.

La sección Puntos de vista te muestra que las personas tienen diferentes opiniones.

Las Fuentes primarias te permiten aprender sobre objetos y documentos antiguos.

Las fotografías y leyendas de la Excursión te llevan a lugares interesantes.

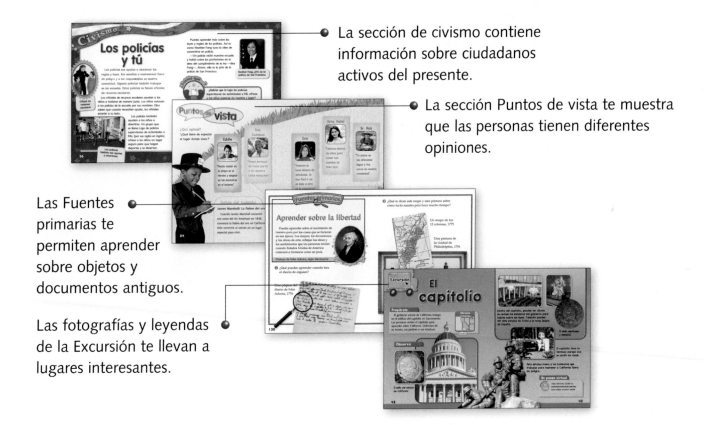

Ve a la sección de Referencia en la parte posterior de este libro para ver otras secciones útiles.

Los cinco temas de la Geografía

Nuestra historia es también la historia de los lugares donde vivimos. Cuando los científicos hablan de la Tierra, piensan en cinco temas o ideas principales.

TEMAS DE

Ubicación

Todo en la Tierra tiene su lugar propio.

Lugar

Toda ubicación tiene características que la distinguen de otras ubicaciones.

Interacciones entre los seres humanos y el ambiente

Podemos cambiar el ambiente o hallar la manera de adaptarnos a nuestros alrededores.

Movimiento

Todos los días, las personas de todas partes de nuestro estado y país, y de todo el mundo, intercambian bienes e ideas.

GEOGRAFÍA

Regiones

Las áreas de la Tierra con características similares que las distinguen de otras áreas, se denominan regiones.

¿Dónde vives?

Las familias tienen direcciones. Una
dirección te indica dónde viven las personas.
Tiene un número y el nombre de una calle.
Lee la dirección de Pedro.

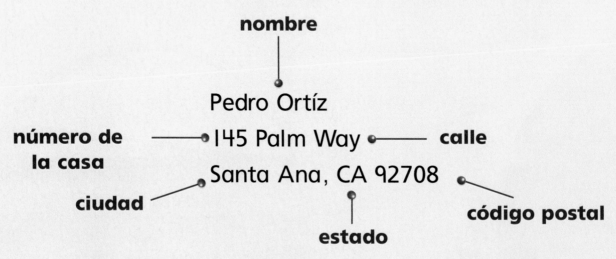

nombre

Pedro Ortíz

número de la casa → 145 Palm Way ← **calle**

ciudad → Santa Ana, CA 92708 ← **código postal**

estado

Dirección de la casa

DESTREZA DE ANÁLISIS Observa el mapa. Halla la casa de Pedro. ¿Cuál es el número de la casa del vecino del frente?

¿Dónde estás?

Observa el dibujo de una escuela con una vista desde arriba. Muestra dónde están los salones en esta escuela. Describe dónde está ubicado cada salón. Usa palabras como **al lado de**, **junto a** y **al frente de**.

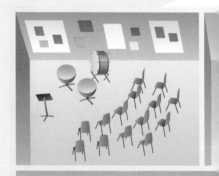

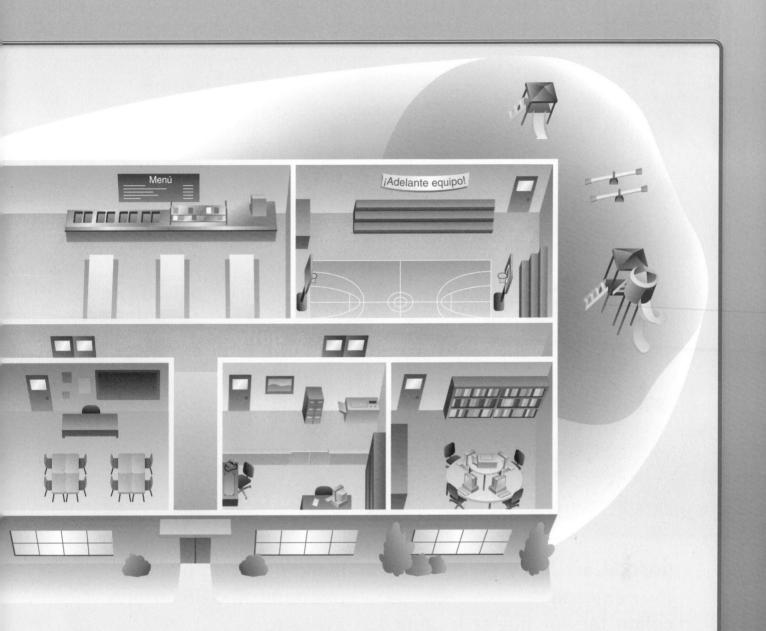

1 ¿En qué se parece esta escuela
a la tuya?

2 Imagina que estás ayudando a
un niño que es nuevo en tu escuela.
Describe la manera de llegar a los
salones que él necesite hallar.

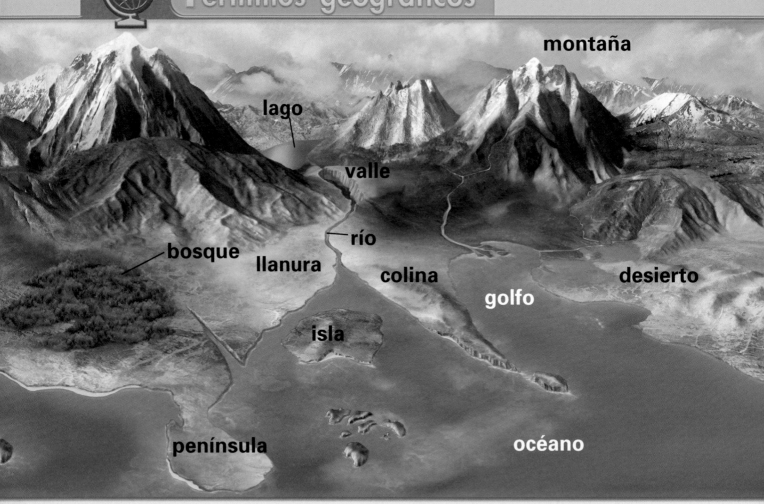

bosque área de árboles muy extensa

colina terreno que se levanta sobre la tierra que lo rodea

desierto área de tierra extensa y árida

golfo masa grande de agua salada parcialmente rodeada de tierra

isla accidente geográfico rodeado de agua totalmente

lago masa de agua rodeada de tierra por todas partes

llanura terreno plano

montaña tipo de terreno más alto

océano masa de agua salada que cubre un área grande

península accidente geográfico rodeado de agua por tres lados

río gran corriente de agua que fluye por la tierra

valle terreno bajo entre colinas o montañas

114

Las reglas y las leyes

Comienza con las normas

1.1 Los estudiantes describen los derechos y responsabilidades individuales del ciudadano.

La gran idea

El civismo

Las reglas y leyes guían a las personas a vivir fuera de peligro y ser buenos ciudadanos.

Reflexiona

✓ ¿Por qué debemos obedecer las reglas?

✓ ¿Cómo ayudan las leyes a las comunidades?

✓ ¿Cómo ayudan los líderes de la comunidad a las personas?

✓ ¿Cómo puedes demostrar respeto a los demás?

Muestra lo que sabes

★ Prueba de la Unidad I

 Redacción: Escribe una lista

 Proyecto de la unidad: Reunión de campaña

Las reglas y las leyes

Habla sobre

el civismo

" Tu país te necesita ".

"Todos debemos votar".

"Respeta los derechos de las personas".

Presentación del

vocabulario

comunidad Un grupo de personas que viven y trabajan juntas. También es el lugar donde viven. (página 18)

ciudadano Una persona que vive en una comunidad y pertenece a ella. (página 18)

regla Una instrucción que nos dice cómo debemos actuar. (página 12)

ley Una regla que deben obedecer las personas de una comunidad. (página 19)

voto Una decisión que se cuenta. (página 26)

APRENDE **en línea**

Visita **www.harcourtschool.com/hss** para hallar recursos en Internet para usar con esta unidad.

3

Unidad 1

La lectura en los Estudios Sociales

Destreza clave

Causa y efecto

Mientras lees, piensa en por qué suceden las cosas sobre las que lees.

- Una causa es lo que hace que algo ocurra.
- Un efecto es lo que ocurre.

Practica la destreza

Lee los párrafos.

Causa
Efecto

Anna tiene que trabajar en la casa. Ella recoge sus cosas para que no se pierdan. Ayuda a su mamá a poner la mesa para la cena y ayuda a su papá a doblar la ropa. Jon, el hermanito de Anna, todavía no puede leer, así que ella le cuenta historias.

Cuando Anna termina su trabajo, puede divertirse. Ninguno de los miembros de la familia de Anna tiene demasiado trabajo porque todos ayudan.

4

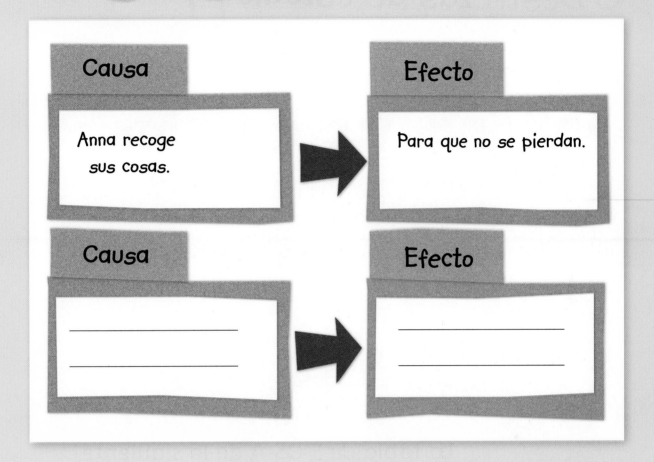

Causa		Efecto
Anna recoge sus cosas.	→	Para que no se pierdan.
Causa		Efecto
_____ _____	→	_____ _____

La tabla muestra una causa y un efecto
de la historia. ¿Cuál es otra causa y otro
efecto de la historia? Copia la tabla
y complétala.

Aplica la destreza mientras lees

Mientras lees, piensa en cómo afectan
a los demás las cosas que tú haces.

Anticipar y preguntar

Las ideas nuevas son más fáciles de comprender cuando escribes lo que has aprendido. Una tabla de S-QS-A te ayuda a escribir datos importantes antes y después de leer.

Practica la destreza

La tabla de S-QS-A de la siguiente página muestra lo que Ángel sabe sobre el voto. Copia la tabla.

- ¿Qué sabes sobre el voto? Escríbelo debajo de Sé.

- ¿Qué te gustaría saber sobre el voto? Escríbelo debajo de Quiero saber.

Tabla de S-QS-A

Sé	Quiero saber	Aprendí
Votamos para tomar decisiones.	¿Dónde votamos?	

Lee el párrafo. Escribe los datos nuevos que aprendiste debajo de Aprendí.

Podemos votar en las escuelas, iglesias y otros lugares cerca de nuestros hogares. Se vota marcando las boletas electorales para mostrar las opciones que elegimos. Se puede votar una sola vez. Todos los votos se cuentan para determinar qué opción gana.

Aplica la destreza mientras lees

Haz una tabla de S-QS-A para mostrar lo que sabes y lo que quieres saber sobre las reglas y las leyes. Mientras lees, añade datos a la tabla para mostrar lo que aprendiste.

Comienza con un poema

La regla de la amistad

por M. Lucille Ford

ilustrado por Stacy Peterson

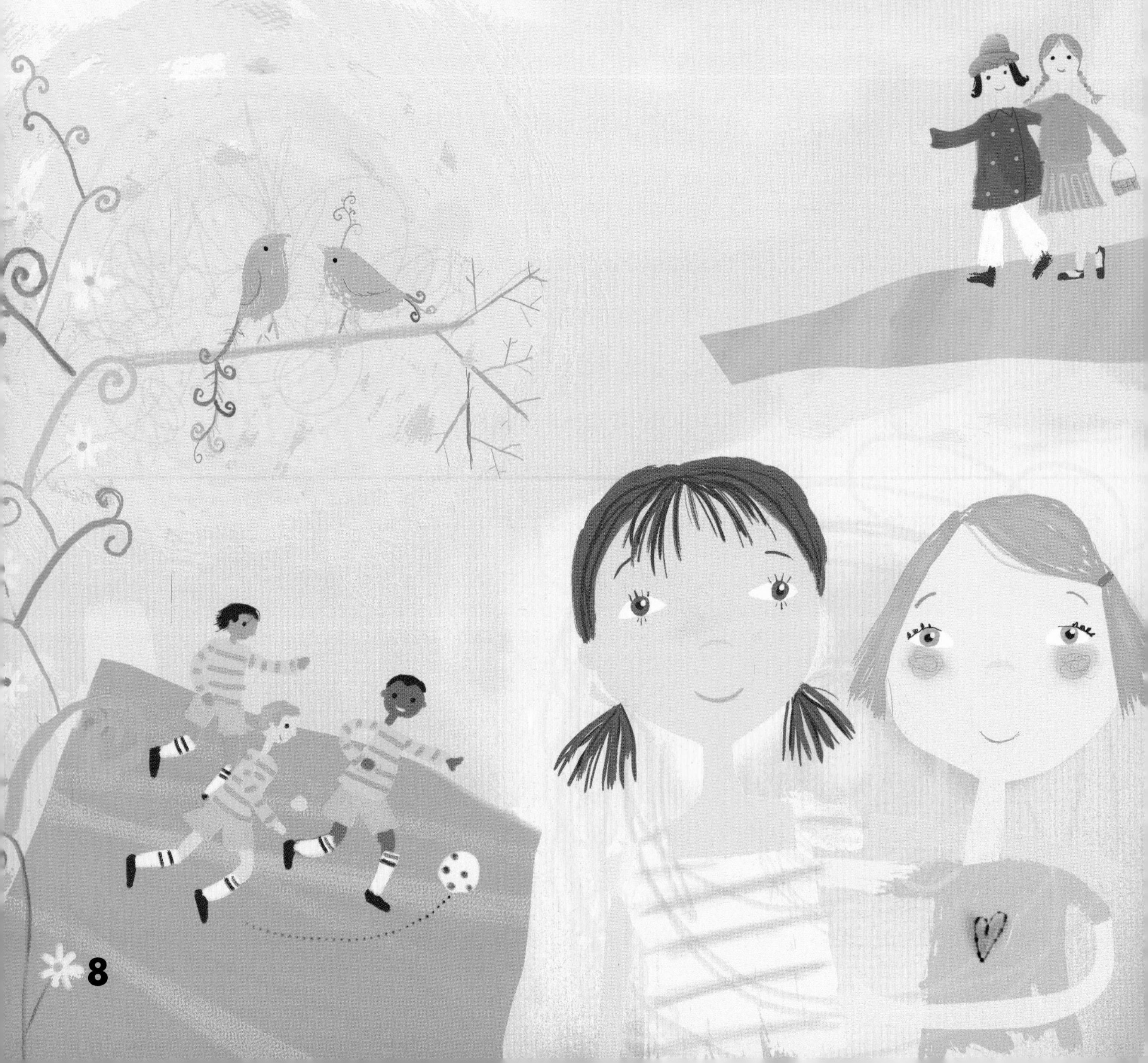

Hay una regla que nuestra maestra dice
que debemos recordar,

en la escuela, en la casa o al jugar,
y esa es la regla de la amistad.

9

Si amigos quieres tener,
tratarlos con amabilidad es tu deber,

igual como te gustaría que ellos te trataran
si juntos jugaran o trabajaran.

Y esa es la verdadera regla de la amistad,
presente en todo lo que decimos y hacemos,
lo es de verdad.

Vale la pena cortésmente actuar
y así la regla de la amistad nunca va a fallar.

Responde

1. ¿Qué es la regla de la amistad?

2. **Aplícalo** Haz un dibujo que muestre, cómo un amigo y tú cumplen la regla de la amistad.

11

Reglas de la escuela

Reflexiona
¿Por qué debemos obedecer las reglas?

✓ Las reglas nos ayudan a llevarnos bien con los demás y ser justos.

✓ Tenemos la responsabilidad de obedecer las reglas.

Vocabulario
maestro
regla
responsabilidad
director
justo

Causa y efecto

Normas de California
HSS 1.1, 1.1.2

Nuestra **maestra** dirige la clase. Ella nos ayuda a crear las reglas de la clase. Una **regla** nos dice cómo debemos actuar. Obedecemos las reglas cuando trabajamos y cuando jugamos.

Las reglas nos ayudan a aprender y llevarnos bien con los demás en la escuela. Por eso es que tenemos la responsabilidad de obedecer las reglas. Una **responsabilidad** es algo que debes hacer.

Sé amable.

Sigue las instrucciones.

Espera tu turno.

Trabaja en silencio.

Nuestro **director** dirige la escuela.
Él nos dice que hay diferentes reglas
para las diferentes partes de la escuela.
Caminamos en voz baja en el pasillo.
Cuando jugamos afuera, no tenemos
que hablar en voz baja.

Nuestro director también nos dice que las reglas nos ayudan a ser justos. Ser **justo** significa actuar de una manera correcta y honesta.

Resumen Las reglas nos ayudan a llevarnos bien con los demás y a ser justos. Tenemos la responsabilidad de obedecer las reglas.

Repaso

1. ¿Por qué debemos obedecer las reglas?

2. **Vocabulario** ¿Qué significa ser **justo**?

3. **Redacción** Escribe una oración que muestre una de las reglas de tu salón de clases.

4. **Causa y efecto** ¿Qué puede pasar si no obedecemos una regla?

Resolver un problema

❯ Por qué es importante

Un **problema** es algo difícil de resolver o arreglar. Lo que hacemos para resolver un problema es una **solución**. Cuando trabajamos juntos, podemos resolver un problema más fácilmente.

❯ Lo que necesitas saber

① Asegúrate de que cada persona sepa cuál es el problema.

② Haz una lista de las diferentes soluciones que puedan resolver el problema. Habla sobre lo bueno o lo malo de cada solución.

③ Trabajen juntos para elegir la solución que más les guste a la mayoría de las personas. Luego, fíjense cómo funciona.

Túrnense.

16

❱ Practica la destreza

Antes Piensa en algo que tengas que compartir con los demás.

Durante Haz una lista de cómo se puede compartir equitativamente. Elige la mejor solución y pruébala.

Después Habla sobre cómo funcionó la solución.

❱ Aplica lo que aprendiste

Aplícalo Trabaja con un grupo para resolver otro problema en tu salón de clases. Haz una lista de algunas soluciones y elige la que más les guste a la mayoría de las personas.

Soluciones

1. Poner los materiales en el medio.

2. Ser amables.

3.

Reglas de la comunidad

Reflexiona
¿Cómo ayudan las leyes a las comunidades?

✔ Las leyes nos dicen cómo actuar.

✔ Las leyes ayudan a las comunidades a mantenerse fuera de peligro.

Vocabulario
comunidad
ciudadano
ley

Causa y efecto

Normas de California
HSS 1.1, 1.1.2

Esta es mi comunidad. Una **comunidad** es un lugar donde las personas viven y trabajan juntas. Una persona que vive en una comunidad y pertenece a ella es un **ciudadano**.

Las comunidades tienen reglas llamadas leyes. Una **ley** es una regla que obedecen las personas de una comunidad. Las comunidades pueden tener muchos tipos de leyes.

Huntington Beach, California

Las leyes son importantes para los ciudadanos de una comunidad. Estas les dicen a las personas cómo convivir y mantenerse fuera de peligro. Los policías se aseguran de que las personas obedezcan las leyes.

⚡Datos breves

En el condado de Los Angeles, California, patinar en una biblioteca es contra la ley. ¿Es esta una buena ley? ¿Por qué?

A veces, las personas no obedecen las leyes. No obedecer las leyes causa problemas. Las personas que cruzan la calle por donde no deben, podrían resultar heridas.

Resumen Las leyes de la communidad nos ayudan a convivir y evitar peligros.

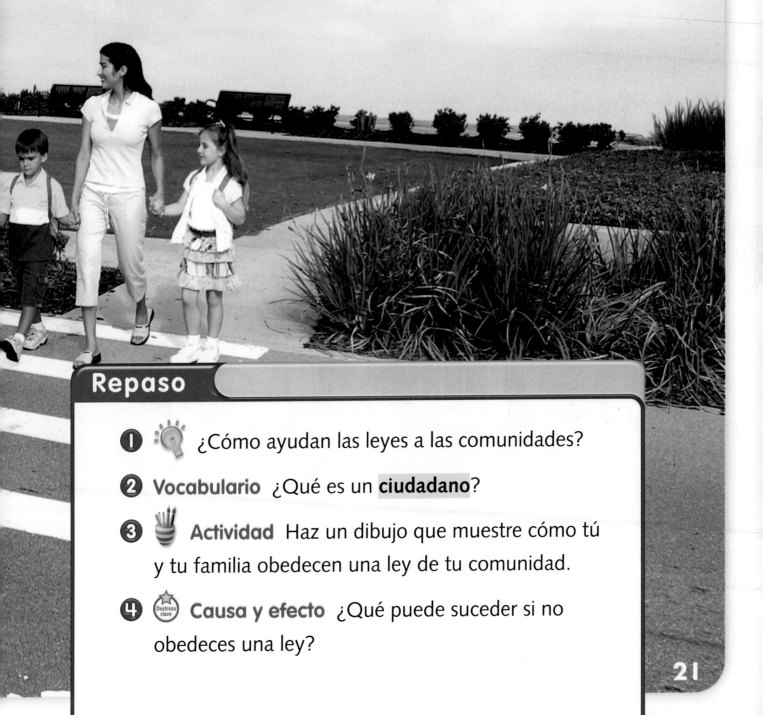

Repaso

1. 💡 ¿Cómo ayudan las leyes a las comunidades?

2. **Vocabulario** ¿Qué es un **ciudadano**?

3. 🖌 **Actividad** Haz un dibujo que muestre cómo tú y tu familia obedecen una ley de tu comunidad.

4. (Destreza clave) **Causa y efecto** ¿Qué puede suceder si no obedeces una ley?

3

Nuestros líderes

Reflexiona
¿Cómo ayudan los líderes de la comunidad a las personas?

✔ Los líderes ayudan a los grupos a obedecer las reglas y resolver los problemas.

✔ Las personas pueden elegir a sus líderes.

Vocabulario
líder
grupo
alcalde
ciudad
gobierno

Destreza clave **Causa y efecto**

Normas de California
HSS 1.1, 1.1.1

Yim Kwan fue a la inauguración de la nueva escuela de nuestra comunidad. Él es un líder de su comunidad.

Un **líder** es una persona que está encargada de un grupo. Un **grupo** es un número de personas que trabajan juntas.

22

Los líderes ayudan a los grupos a hacer y obedecer las leyes. También ayudan a los grupos a resolver los problemas.

Yim Kwan es nuestro alcalde. Un **alcalde** es el líder de una ciudad. Una **ciudad** es una comunidad grande.

Alcalde Kwan

El alcalde Kwan ayuda a inaugurar nuestra nueva escuela.

Las personas de una comunidad eligen a los líderes que quieren para sus gobiernos. Un **gobierno** es un grupo de personas que dirigen una comunidad. El alcalde Kwan dirige el gobierno municipal.

Geografía

Sacramento

La ciudad de Sacramento es la capital del estado de California. La capital es la ciudad donde se reúnen los miembros del gobierno municipal. El gobernador, quien es el líder del gobierno municipal, trabaja en la capital.

Sacramento

San Francisco

Los Angeles

San Diego

Hay muchos tipos de líderes en nuestra comunidad. Mi mamá es una entrenadora de béisbol, por lo tanto, es una líder. Los maestros, los líderes de clubes y los sacerdotes también son líderes.

Resumen Los líderes ayudan a las personas a obedecer las leyes y resolver los problemas de la comunidad.

Repaso

1. 🔦 ¿Cómo ayudan los líderes de la comunidad a las personas?

2. **Vocabulario** ¿Qué hace un **alcalde**?

3. 🖍️ **Actividad** Haz un dibujo que muestre a un líder ayudando a las personas de tu comunidad.

4. ⭐(Destreza clave) **Causa y efecto** Piensa en una ocasión en que un líder te ayudó a resolver un problema. ¿Qué hizo él o ella?

Decidir con el voto

❱ Por qué es importante

Cuando usas el **voto**, tomas una decisión que cuenta. Las personas votan por reglas y líderes en las escuelas y comunidades. A veces, todos votan por las reglas. Otras veces, las personas votan por los líderes que harán las reglas por ellos.

Los americanos votan por muchos líderes del gobierno, como el presidente. El **presidente** es el líder de nuestro país. Los americanos también votan para tomar decisiones sobre las leyes.

❱ Lo que necesitas saber

Puedes usar una boleta electoral para votar. Una **boleta electoral** es una papeleta que muestra todas las opciones. Marcas tu opción en la boleta. Gana la opción que reciba el mayor número de votos.

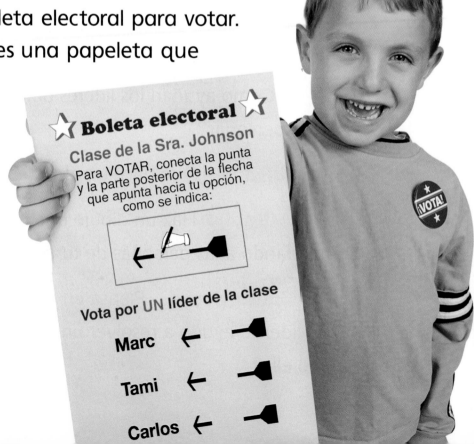

★ Boleta electoral ★

Clase de la Sra. Johnson

Para VOTAR, conecta la punta y la parte posterior de la flecha que apunta hacia tu opción, como se indica:

Vota por UN líder de la clase

Marc ←

Tami ←

Carlos ←

26

🌙 Practica la destreza

❶ La clase de la Sra. Johnson usó boletas electorales para votar por un líder para la clase. Las opciones eran Marc, Tami y Carlos.

❷ Observa la tabla. Cuenta todos los votos para determinar quién será el líder de la clase.

🌙 Aplica lo que aprendiste

Aplícalo Haz una lista de algunos juegos que le gustaría jugar a tu clase. Haz boletas electorales y pídele a cada persona que vote. Cuenta los votos y muéstralos en una tabla. ¿Qué juego obtuvo el mayor número de votos?

Integridad

Respeto
Responsabilidad
Equidad
Bondad
Patriotismo

La importancia del carácter

❓ **¿Por qué crees que las personas confiaban en George Washington?**

George Washington fue el primer presidente de Estados Unidos.

George Washington

George Washington pensaba que las personas debían trabajar arduamente y ser honestas. Él comenzó a trabajar a los 17 años de edad. Ayudaba a las personas a hacer mapas de sus tierras. Era tan honesto y justo que muchos querían que trabajara para ellos. Más tarde, Washington se alistó en el ejército y se convirtió en un líder confiable.

Cuando era joven, Washington trabajó las tierras de su propiedad.

Washington era un líder bondadoso y justo. Recompensaba a las personas por su trabajo arduo.

Washington dirigió a los americanos en la lucha por ser libres y gobernar su propio país. En los comienzos de la nación, los americanos lo eligieron como primer presidente de Estados Unidos. Thomas Jefferson una vez escribió sobre Washington: "Él era… un hombre sabio, bueno y admirable". *

* Thomas Jefferson, de una carta al Dr. Walter Jones, 2 de enero de 1814

APRENDE
en línea
Visita MULTIMEDIA BIOGRAPHIES en www.harcourtschool.com/hss para hallar biografías multimedia.

Biografía breve

1732   1799

Fechas importantes

1759 Se casa con Martha Dandridge

1775 Se convierte en un líder del ejército

1787 Ayuda a escribir la Constitución de Estados Unidos

1789 Se convierte en el primer presidente de Estados Unidos

4

La regla de oro

Reflexiona

¿Cómo puedes mostrar respeto a los demás?

✓ Podemos respetar los derechos de las personas.

✓ Podemos ser ciudadanos responsables.

Vocabulario
respeto
derecho

Destreza clave
Causa y efecto

Normas de California
HSS 1.1, 1.1.2

Mostrar **respeto** es tratar bien a alguien o algo. Cuando escucho y obedezco las reglas, muestro respeto a mi maestro.

30

La regla de oro dice que debes tratar a los demás como quieres que te traten a ti. Puedo usar la regla de oro para acordarme que debo respetar a los demás.

Patrimonio cultural

Confucio

Un hombre sabio de China enseñó la regla de oro hace más de 2,500 años. Su nombre era Confucio. Él creía que las personas siempre debían respetar a los demás. También decía: "Respétate a ti mismo y los demás te respetarán a ti".*

* Confucio, de las Analectas de Confucio, hacia 500 a.C.

Los americanos tienen derechos. Un **derecho** es algo que tenemos la libertad de hacer. Podemos mostrar respeto hacia los derechos de los demás.

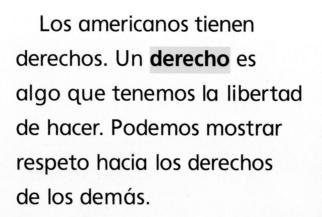

Libertad de culto

Libertad de expresión

También podemos demostrar respeto a los demás cuando nos hacemos responsables por nuestras acciones. Mostramos respeto hacia los derechos de los demás cuando obedecemos las reglas y leyes.

Resumen Podemos demostrar respeto a los demás cuando somos responsables.

Repaso

1. 💡 ¿Cómo puedes demostrar respeto a los demás?

2. **Vocabulario** Di un **derecho** que tienes.

3. 🖌 **Actividad** Representa algunas maneras en que las personas cumplen la regla de oro.

4. (Destreza clave) **Causa y efecto** ¿Qué podría suceder si no respetaras los derechos de los demás?

33

Trabajar y jugar juntos

◗ Por qué es importante

Cuando hacemos actividades con otras personas, es importante respetarlas.

◗ Lo que necesitas saber

1. **Compartir** es usar algo con los demás.

2. Mostramos **buena conducta deportiva** cuando jugamos con equidad.

3. Debemos respetar, compartir y jugar con equidad, cuando trabajamos o jugamos juntos. Cuando no estamos de acuerdo, escuchamos las ideas de cada persona. Luego, trabajamos juntos para hallar una solución.

34

◗ Practica la destreza

Antes Piensa en algo que tu clase pueda hacer en grupo. Puedes decidir hacer una regla, planificar una fiesta o pintar un mural.

Durante Da a todos la oportunidad de compartir ideas.

Después Habla de cómo trabajaron juntas las personas de tu grupo.

◗ Aplica lo que aprendiste

Aplícalo Trabaja con un grupo para inventar un juego. Usa lo que aprendiste sobre cómo trabajar y jugar juntos.

Los policías y tú

Los policías nos ayudan a obedecer las reglas y leyes. Nos enseñan a mantenernos fuera de peligro y a ser responsables en nuestra comunidad. Algunos policías también trabajan en las escuelas. Estos policías se llaman oficiales de recursos escolares.

Los oficiales de recursos escolares ayudan a los niños a tratarse de manera justa. Los niños conocen a los policías de la escuela por sus nombres. Ellos saben que cuando necesiten ayuda, los oficiales estarán a su lado.

Los policías también ayudan a los niños a divertirse. Un grupo que se llama Liga de policías supervisores de actividades o PAL (por sus siglas en inglés), ofrece a los niños un lugar seguro para que hagan deportes y se diviertan.

Oficial de recursos escolares

Los policías también nos ayudan a divertirnos.

36

Puedes aprender más sobre las leyes y reglas de los policías. Así es como Heather Fong tuvo la idea de convertirse en policía.

—Un policía visitó nuestra escuela y habló sobre las profesiones en el área del cumplimiento de la ley —dice Fong—. Ahora, ella es la jefa de la policía de San Francisco.

Heather Fong, jefa de la policía de San Francisco

¿Sabías que la Liga de policías supervisores de actividades o PAL ofrece a los niños maneras de reunirse y jugar?

⭐ PAL recibe a niños de 6 a 17 años de edad.

⭐ PAL enseña buena conducta deportiva en juegos, como fútbol y béisbol.

⭐ Quizás tu pueblo o ciudad tenga una liga de policías supervisores de actividades.

Piensa

Aplícalo ¿Cómo ayudan los policías a las personas de tu comunidad?

El león y el ratón

una fábula de Esopo
ilustrada por David Diaz

León   **Ratón**   **Primer cazador**   **Segundo cazador**   **Tercer cazador**

Escenario: Madriguera de un león durmiente

Entra el ratón.

Ratón: Veo comida al lado de ese león grande. Él está dormido. Entraré sin hacer ruido y tomaré la comida antes de que se despierte.

El ratón entra cautelosamente para agarrar la comida. De repente, el león se despierta y pisa la cola del ratón con su garra.

León: Ahora te atrapé y tengo mucha hambre. ¡Te comeré de un bocado!

Ratón: ¡No! ¡Por favor, déjame ir!

León: ¿Por qué? Serías muy sabroso.

Ratón: Un ratón no es una buena comida. Solo soy pellejo y huesos.

León: Es verdad, tú eres muy chiquito.

Ratón: Sí, y si me dejas ir, algún día haré algo bueno por ti.

León: ¡Qué risa me da! ¿Cómo podría ayudar un ratoncito a un león grande?

Ratón: Ya verás, si me dejas ir.

León: Bueno, está bien. Ahora vete antes de que cambie de parecer y te coma.

Ratón: Gracias, buen león.

El ratón corre y el león se vuelve a dormir. Entran tres cazadores con una red.

Primer cazador: ¡Ahora! El león está dormido. Lo podemos atrapar.

Segundo cazador: ¿Y si se despierta?

Tercer cazador: Iremos sin hacer ruido.

Los cazadores se mueven muy lentamente hacia el león.

Primer cazador: ¡Vamos a intentarlo!

Segundo cazador: Sí, ¡prepara la red!

Tercer cazador: ¡Vamos!

Los cazadores arrojan rápidamente la red sobre el león.
El león se despierta y trata de salirse de la red.

León: ¡Ayuda! ¡Ayúdenme!

Primer cazador: León tonto, no te puedes salir. ¡Nuestra red es más
                       fuerte que tú!

Segundo cazador: Este león es demasiado grande para cargarlo nosotros
                       tres. Vamos a regresar al pueblo para pedir ayuda.

Se van los cazadores.

León: ¡Ayuda! ¡Alguien que me ayude!

Entra el ratón.

Ratón: León, te oí gritar. ¿Qué sucedió?

León: Los cazadores me atraparon. ¡No me puedo soltar!

Ratón: Yo te puedo ayudar. Cortaré la red con mis afilados dientes.

El ratón roe la red y finalmente sale libre el león.

León: ¡Muchas gracias, ratoncito! Eres muy buen amigo.

Ratón: Hasta un ratoncito puede ser una gran ayuda.

Fin

Responde

1. ¿Cómo demuestra el ratón que es responsable?

2. **Aplícalo** Escribe una oración sobre una ocasión en que alguien te ayudó.

El capitolio

Prepárate

El gobierno estatal de California trabaja en el edificio del capitolio en Sacramento. Las personas visitan el capitolio para aprender sobre California. Disfrutan de su museo, sus jardines y sus estatuas.

Ubícalo
California

Sacramento

Observa

El sello del estado de California

Dentro del capitolio, puedes ver dónde se reúnen los miembros del gobierno para hablar sobre las leyes. También puedes ver esta estatua de Colón y la reina Isabel de España.

El sello mexicano y español

El capitolio tiene un hermoso parque con un jardín de rosas.

Esta estatua honra a los bomberos que trabajan para mantener a California fuera de peligro.

Un paseo virtual

APRENDE
en
línea

Visita VIRTUAL TOURS en **www.harcourtschool.com/hss** para realizar un paseo virtual.

Piensa críticamente

⓫ **DESTREZA DE ANÁLISIS** ¿Qué sucedería si no hubiera leyes en tu comunidad?

⓬ **Aplícalo** ¿Qué regla nueva te gustaría tener en tu salón de clases? ¿Por qué es una buena regla?

Aplica las destrezas

⓭ ¿Cuál es el problema?

⓮ ¿Cuántas soluciones se enumeran?

⓯ ¿Qué solución crees que es la mejor?

⓰ ¿Por qué te gusta más esa solución?

Problema

¿Quién cuidará a la nueva mascota de la clase?

Soluciones

El maestro cuidará a la mascota.

La clase se turnará para cuidar a la mascota.

El niño más alto de la clase cuidará a la mascota.

46

Aplica las destrezas

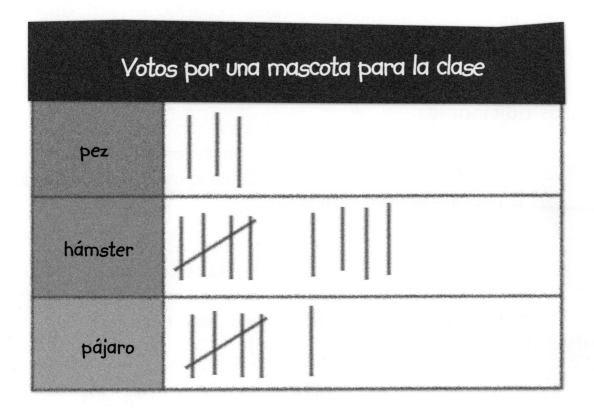

Votos por una mascota para la clase	
pez	|||
hámster	卌 |||
pájaro	卌	

⑰ ¿Qué hicieron los niños de esta clase para elegir una mascota?

⑱ ¿Qué mascota eligió la clase?

⑲ ¿Cuántos niños votaron por el pájaro?

⑳ ¿Qué mascota tuvo la menor cantidad de votos?

Actividades

Lecturas adicionales

Garrett Morgan por Susan Ring

Las reglas de la escuela y la comunidad por Sheila Sweeny

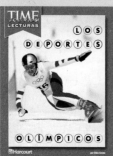

Los deportes olímpicos por Ellen Catala

Actividad de redacción

Piensa en las reglas de la escuela Imagínate que llega un niño nuevo a tu clase. ¿Cómo lo ayudarías a aprender las reglas?

Escribe una lista Escribe una lista de reglas de la escuela. Haz dibujos de tus compañeros de clases donde se muestre que obedecen cada regla.

Proyecto de la unidad

Campaña electoral Planifica una reunión de campaña.

- Elige a dos personas que se postulen como monitores de seguridad de la clase.
- Haz carteles y letreros.
- Habla sobre las reglas de seguridad en la campaña.

APRENDE **en línea**

Visita ACTIVITIES en **www.harcourtschool.com/hss** para hallar otras actividades.

Marta para monitora de seguridad

Donde las personas viven

 Comienza con las normas

1.2 Los estudiantes comparan y contrastan la ubicación absoluta y relativa de lugares y pueblos y describen las características físicas y/o humanas de los lugares.

La gran idea

Los lugares

Las personas viven en lugares diferentes. El lugar donde vivimos determina nuestro estilo de vida.

Reflexiona

✔ ¿Cómo te puede ayudar un mapa a ubicar lugares?

✔ ¿Qué te muestran los dibujos, los mapas y los modelos?

✔ ¿Cómo afectan nuestro estilo de vida la ubicación, el terreno y los recursos?

✔ ¿Cómo afecta el tiempo a las personas?

Muestra lo que sabes

★ Prueba de la Unidad 2

✎ Redacción: Escribe una carta

✐ Proyecto de la unidad: Un mural de "Lugares donde vivimos"

Donde las personas viven

" California es un gran estado con muchos tipos de lugares y personas ".

"Hay ciudades grandes en la costa del océano Pacífico".

"En California se cultivan muchas cosas".

49

vocabulario

estado   Una parte de un país. (página 59)

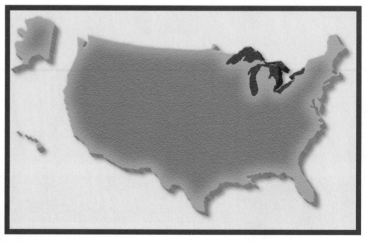

país   Un área de terreno con sus propios habitantes y leyes. (página 60)

globo terráqueo   Un modelo de la Tierra.

(página 62)

continente   Una gran área de tierra. (página 62)

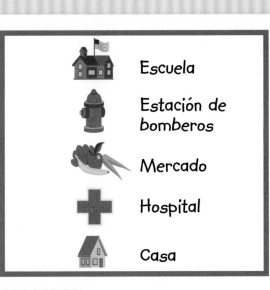

Escuela

Estación de bomberos

Mercado

Hospital

Casa

símbolo   Un dibujo u objeto que representa algo. (página 68)

APRENDE
en línea

Visita **www.harcourtschool.com/hss** para hallar recursos en Internet para usar con esta unidad.

2

La lectura en los Estudios Sociales

Destreza clave

Categorizar y clasificar

Mientras lees, categoriza y clasifica la información.

- **Para categorizar, pon las cosas en grupos para mostrar en qué se parecen.**

- **Para clasificar, decide si algo corresponde con el grupo.**

Practica la destreza

Lee los párrafos.

Clasificar
Categorizar

En California hay muchos lugares para visitar. Podemos ir a San Diego, Los Angeles y otras ciudades. Las familias visitan los parques de diversión como SeaWorld y Disneyland.

Otras personas van a California para ver los parques nacionales. Visitan el Parque Nacional Yosemite y el Parque Nacional Redwood. También van a ver los desiertos como el desierto de Mojave y el valle de la Muerte.

Parque Nacional Yosemite

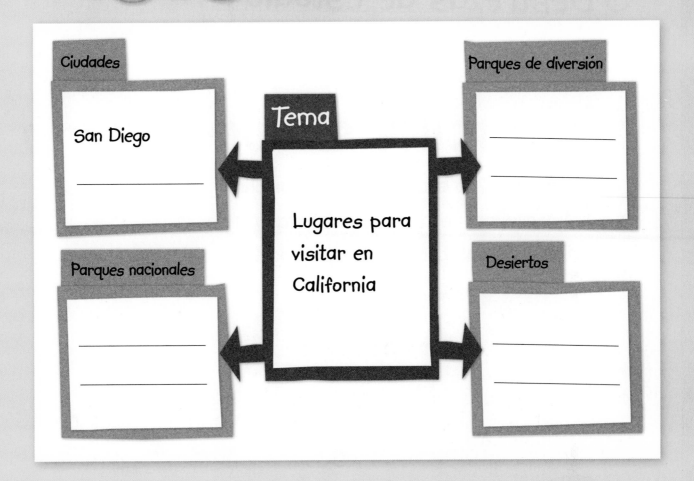

Copia esta tabla. Luego, úsala para categorizar y clasificar los lugares de California que acabas de leer. Pon cada lugar en un grupo.

Aplica la destreza mientras lees

Mientras lees, busca maneras de categorizar y clasificar otros lugares de California.

Desarrollar el vocabulario

Mientras lees, te encontrarás con muchas palabras nuevas. Puedes escribir estas palabras en una red de palabras para aprenderlas.

Practica la destreza

La red de la siguiente página muestra cómo Harry agrupó las palabras sobre los lugares. Copia la red.

- ¿Qué palabra está en el círculo del centro?

- ¿Por qué está <u>California</u> en una de las otras casillas?

Lee el párrafo. ¿Qué palabras se refieren a tipos de lugares? Escribe estas palabras en tu red.

California es un buen lugar para visitar. Puedes nadar y buscar conchas en el océano. Puedes pasear en bicicleta por las colinas y los valles. También puedes caminar por los bosques. Hay muchas cosas para divertirse en California.

Aplica la destreza mientras lees

Haz una red para la palabra **mapa**. Mientras lees esta unidad, escribe en la red las palabras que dicen algo sobre los mapas.

Hacer mapas

por Elaine V. Emans

ilustrado por Rob Dunlavey

¡Cómo me gusta hacer mapas!
Pienso que muy divertido es
las fronteras pintar
y uno por uno a la vez
los trenes y vías colocar.
Cada curva de río también va
así como ciudades y pueblitos
donde terminan los caminitos.

Montañas yo dibujo, y un
lago también he dibujado,
y hasta he pintado
largos puentes sin fin.
Me gusta pintar carreteras,
y cuando las he terminado
sueño que me van a llevar
a lugares que nunca
he visitado.

Responde

1 ¿Qué tipo de cosas puedes hallar en un mapa?

2 **Aplícalo** Dibuja un mapa de un lugar inventado.

Reflexiona
¿Cómo te puede
ayudar un mapa
a ubicar lugares?

✓ Los mapas
muestran
ubicaciones.

✓ Los mapas
muestran agua
y tierra.

Vocabulario
ubicación
mapa
estado
país
frontera

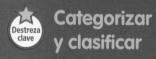
Destreza
clave
Categorizar
y clasificar

Normas de
California
HSS 1.2, 1.2.1

Busca dónde estás

La **ubicación** es el lugar donde
está algo. Un **mapa** es un dibujo
que muestra ubicaciones. Este mapa
muestra las ubicaciones de los lugares
de una comunidad.

DESTREZA DE ANÁLISIS ¿Qué lugares
puedes hallar en
este mapa?

58

Los mapas pueden mostrar muchos tipos de lugares. Un mapa puede mostrar las calles de una ciudad. Otro puede mostrar las ciudades de un **estado**. California es un estado. San Jose es una ciudad.

Ciudades en California

- Eureka
- Redding
- Santa Rosa
- ★ Sacramento
- San Francisco
- San Jose
- Fresno
- Monterey
- Bakersfield
- Barstow
- Lompoc
- Los Angeles
- San Diego

Bienvenidos a California

Hillsborough 4
San Jose 41

 DESTREZA DE ANÁLISIS ¿Dónde está San Jose en este mapa?

59

Algunos mapas muestran estados y países.
Un **país** es un área de terreno con sus propios
habitantes y leyes. Estados Unidos de América
es nuestro país. Tiene 50 estados.

Las líneas de un mapa muestran las
fronteras. Una **frontera** es el lugar donde
termina un estado o un país.

Estados Unidos

ALASKA

CANADÁ

WASHINGTON
MONTANA
NORTH DAKOTA
MINNESOTA
NEW HAMPSHIRE
VERMONT
MAINE
OREGON
IDAHO
SOUTH DAKOTA
WISCONSIN
MICHIGAN
NEW YORK
MASSACHUSETTS
RHODE ISLAND
WYOMING
NEBRASKA
IOWA
PENNSYLVANIA
CONNECTICUT
NEW JERSEY
NEVADA
INDIANA OHIO
DELAWARE
UTAH
ILLINOIS
WEST VIRGINIA
MARYLAND
Washington, D.C.
CALIFORNIA
COLORADO
KANSAS
MISSOURI
KENTUCKY
VIRGINIA
NORTH CAROLINA
ARIZONA
NEW MEXICO
OKLAHOMA
ARKANSAS
TENNESSEE
SOUTH CAROLINA
OCÉANO PACÍFICO
GEORGIA
ALABAMA
TEXAS
MISSISSIPPI
OCÉANO ATLÁNTICO
LOUISIANA
FLORIDA
HAWAII
MÉXICO
Golfo de México

DESTREZA DE ANÁLISIS Encuentra Estados Unidos de América y
California en este mapa.

La mayoría de los mapas usan colores para mostrar el terreno y el agua. El verde o el marrón muestra el terreno. El azul muestra el agua. Los ríos se muestran con líneas azules. A veces, los ríos son las fronteras de los estados.

Resumen Los mapas muestran las ubicaciones de lugares como las calles, las ciudades, los estados, los países, los ríos y los océanos.

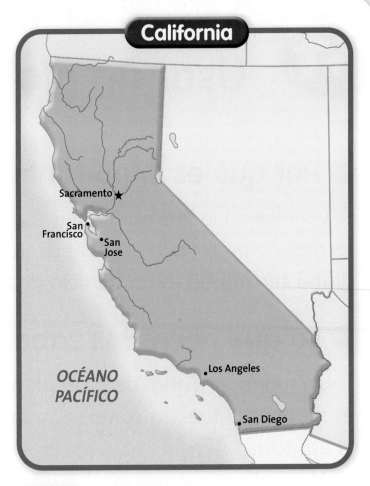

California

Sacramento ★

San Francisco •

• San Jose

OCÉANO PACÍFICO

• Los Angeles

• San Diego

DESTREZA DE ANÁLISIS ¿Con qué océano limita California?

Repaso

❶ 💡 ¿Cómo te puede ayudar un mapa a ubicar lugares?

❷ **Vocabulario** ¿Qué es un **país**?

❸ ✏️ **Redacción** Mira el mapa y describe dónde vives.

❹ 🏅 **Categorizar y clasificar** ¿Qué es marrón o verde en un mapa? ¿Qué es azul?

Usar un globo terráqueo

◗ Por qué es importante

Vivimos en la **Tierra**. Puedes usar un globo terráqueo para hallar lugares de la Tierra. Un **globo terráqueo** es un modelo de la Tierra.

◗ Lo que necesitas saber

Un mapa es plano, pero un globo terráqueo es redondo. Muestra cómo se ve la Tierra desde el espacio.

Al igual que un mapa, un globo terráqueo muestra las ubicaciones de lugares. Cada área grande de tierra es un **continente**. Cada masa grande de agua es un **océano**.

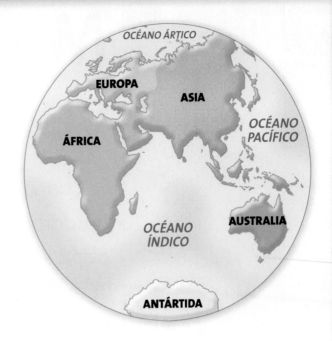

◗ Practica la destreza

❶ Mira los dibujos de un globo terráqueo. Busca y nombra el continente en el que vives.

❷ Sigue con un dedo la frontera de América del Sur.

❸ ¿Qué océano está entre Australia y África?

◗ Aplica lo que aprendiste

DESTREZA DE ANÁLISIS Mira un globo terráqueo. Busca y nombra los siete continentes y los cuatro océanos.

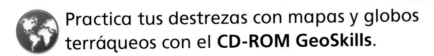

Practica tus destrezas con mapas y globos terráqueos con el **CD-ROM GeoSkills**.

Reflexiona
¿Qué te muestran los dibujos, los mapas y los modelos?

✔ Los dibujos, los mapas y los modelos muestran lugares.

✔ Los dibujos, los mapas y los modelos pueden mostrar el mismo lugar de diferentes maneras.

Vocabulario
vecindario

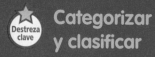
Categorizar y clasificar

Normas de California
HSS 1.2, 1.2.2

Mapa del vecindario

Cuando Kim y su familia se mudaron a otra ciudad, Kim y su papá salieron a caminar por el nuevo vecindario. Un **vecindario** es una parte de un pueblo o una ciudad.

El papá de Kim le mostró un mapa del vecindario. Vieron dónde estaba ubicada la nueva escuela de Kim. Ella tomó fotos del lugar mientras caminaban.

Más tarde, Kim y su papá vieron las fotos. Estas mostraban algunos de los lugares del mapa. Los lugares de las fotos y los lugares del mapa se veían diferentes.

66

Kim usó sus fotos y el mapa para hacer un modelo de los lugares de su vecindario. Las fotos y mapas son planos, pero puedes ver un modelo desde todos los lados. Cuando Kim mira su modelo desde arriba, es como si estuviera viendo un mapa.

Resumen Puedes aprender sobre un lugar cuando miras una foto, un mapa o un modelo. Cada uno muestra el mismo lugar de un modo diferente.

Repaso

1 ¿Qué te muestran los dibujos, los mapas y los modelos?

2 Vocabulario ¿Qué puedes hallar en un **vecindario**?

3 Actividad Haz un modelo como el de Kim para mostrar tu vecindario.

4 Categorizar y clasificar ¿En qué se parecen los mapas a los globos terráqueos y los dibujos?

Leer un mapa

◗ Por qué es importante

Los símbolos te ayudan a leer un mapa. Un **símbolo** es un dibujo u objeto que representa algo.

◗ Lo que necesitas saber

En los mapas se usan símbolos para mostrar lugares. La **leyenda del mapa** te muestra lo que representa cada símbolo en un mapa.

◗ Practica la destreza

1 ¿Qué lugares ves en el mapa?

2 ¿Qué símbolo indica la estación de bomberos?

3 ¿Dónde irías para comprar comida en este vecindario?

Leyenda del mapa

Escuela

Estación de bomberos

Mercado

Hospital

Casa

Edificio de apartamentos

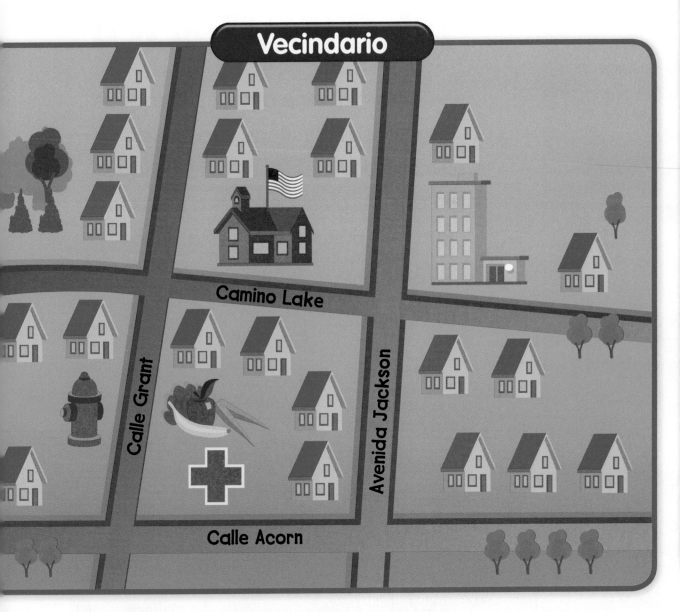

Vecindario

Camino Lake

Calle Grant

Avenida Jackson

Calle Acorn

◗ Aplica lo que aprendiste

DESTREZA DE ANÁLISIS **Aplícalo** Haz un mapa de tu escuela. Usa símbolos y la leyenda del mapa para mostrar los lugares.

 Practica tus destrezas con mapas y globos terráqueos con el **CD-ROM GeoSkills**.

69

Reflexiona
¿Cómo afectan nuestro estilo de vida la ubicación, el terreno y los recursos?

✔ Las personas viven en diferentes lugares de California.

✔ El lugar donde viven las personas afecta su estilo de vida.

Vocabulario
recurso
granja
vivienda
transporte

 **Categorizar y clasificar**

Normas de California
HSS 1.2, 1.2.4

70

La tierra a tu alrededor

California tiene diferentes tipos de terreno. Las personas pueden vivir cerca de las montañas o los bosques, en colinas, o en los valles o desiertos. También pueden vivir cerca de los lagos, ríos o el océano.

colinas

montaña

Cada tipo de terreno tiene sus recursos. Un **recurso** es todo lo que podemos usar. El suelo, los árboles y el agua son algunos de los recursos de la Tierra.

La ubicación, el terreno y los recursos de un lugar afectan lo que comemos, dónde vivimos y cómo nos movemos de un lugar a otro.

Se construyen presas para almacenar agua.

bosque

desierto

océano

71

Las personas usan los recursos para cultivar alimentos en las granjas. Una **granja** es un lugar donde se cultivan plantas y se crían animales. Muchos tipos de alimentos que comes provienen de granjas de todo el país.

A menudo, las personas que viven cerca del agua pescan para obtener alimento. En otros lugares las personas cultivan árboles para obtener alimento. Las frutas y las nueces crecen en los árboles.

Valle Imperial, California

72

Cómo usamos la tierra y el agua

ovejas

almendras

peces

73

Todas las personas necesitan una vivienda. Una **vivienda** es una casa. Las personas construyen distintos tipos de viviendas en lugares diferentes.

Viviendas

Patrimonio cultural

Las casas de adobe

Hace mucho tiempo, los colonizadores españoles llegaron a California. Las personas que vivían allí les enseñaron a hacer casas de adobe, o barro secado al sol. Aún podemos ver casas viejas de adobe en el condado Monterey, en California.

Casa del Oro

Las personas también necesitan transporte. El **transporte** es cualquier manera de llevar a las personas o cosas de un lugar a otro. El transporte puede hacerse por tierra, por agua o por aire.

Transporte

Resumen California tiene muchos tipos de lugares y recursos. El lugar donde viven las personas determina el tipo de alimento, vivienda y transporte que usan.

Repaso

① ¿Cómo afectan nuestro estilo de vida la ubicación, el terreno y los recursos?

② **Vocabulario** ¿Qué es un **recurso**?

③ **Actividad** Haz un libro sobre los lugares de California. Muestra el lugar donde tú vives.

④ **Categorizar y clasificar** Haz una tabla que muestre los tipos de transporte que van por tierra, por agua y por aire.

Hallar direcciones en un mapa

❯ Por qué es importante

Las **direcciones** señalan el camino hacia los lugares. Te ayudan a encontrar las ubicaciones.

❯ Lo que necesitas saber

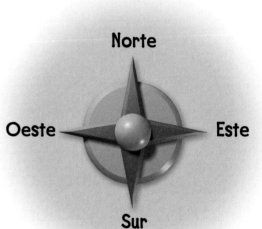

Las cuatro direcciones principales se llaman **puntos cardinales**. Estos son norte, sur, este y oeste. Si miras hacia el norte, el oeste está a tu izquierda. El este está a tu derecha. El sur está detrás de ti.

❯ Practica la destreza

1 ¿Qué está al este del estacionamiento de carros?

2 ¿Qué está al norte de los edificios de la escuela?

3 Señala con un dedo el jardín de la escuela. Ahora mueve el dedo hacia el estacionamiento. ¿En qué dirección moviste el dedo?

76

Mapa de la escuela

Patio

Edificio norte de la escuela

Edificio sur de la escuela

Comedor

Estacionamiento

Jardín de la escuela

Norte
Oeste
Este
Sur

☽ Aplica lo que aprendiste

DESTREZA DE ANÁLISIS **Aplícalo** Haz un mapa de tu salón de clases.
Muestra las direcciones.

 Practica tus destrezas con mapas y globos terráqueos con el **CD-ROM GeoSkills**.

Integridad

Respeto

Responsabilidad

Equidad

Bondad

Patriotismo

La importancia del carácter

❓ **¿Cómo demostró Rachel Carson que a ella le preocupaba la naturaleza?**

Rachel Carson fue una escritora y científica que nos enseñó a proteger la naturaleza.

Rachel Carson

Rachel Carson escribió su primera historia cuando tenía diez años. Incluso en ese entonces, sabía que quería ser escritora. También le preocupaba la naturaleza. Rachel jugaba en el bosque alrededor de su casa y hacía dibujos de los animales. "No hubo ningún momento en que no estuviera interesada en… el mundo de la naturaleza",* dijo Rachel Carson años después.

*Rachel Carson, de una declaración pública, 1954

Rachel Carson creció en el campo y le encantaba estar al aire libre.

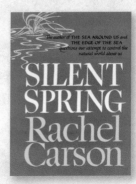

Rachel Carson escribió una vez: "La belleza del mundo vivo que trataba de salvar siempre ha estado… en mi pensamiento".*

*Rachel Carson, de una carta a un amigo, 1962

Rachel Carson escribió sobre las aves, las plantas y el océano. Creía que todos teníamos la responsabilidad de cuidar la Tierra. En 1962, Rachel escribió un libro llamado Silent Spring (La primavera silenciosa). En él, escribió sobre los peligros de los pesticidas o venenos que se usan para matar insectos. Los pesticidas también estaban matando las aves y las plantas. Gracias al libro de Rachel Carson, se dictaron mejores leyes para proteger la naturaleza.

Biografía breve

1907   1964

Fechas importantes

1918 Escribe su primera historia, a la edad de diez años

1932 Se gradúa de la Universidad de Maryland

1962 Escribe su libro más famoso, Silent Spring

1980 Recibe la Medalla Presidencial de Libertad

APRENDE en línea Visita MULTIMEDIA BIOGRAPHIES en **www.harcourtschool.com/hss** para hallar biografías multimedia.

Lección 4

Reflexiona
¿Cómo afecta el tiempo a las personas?

✓ Hay cuatro estaciones.

✓ Los habitantes de California disfrutan muchos tipos de recreación.

Vocabulario
tiempo
estación
recreación

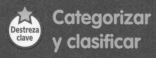

Categorizar y clasificar

Destreza clave

Normas de California
HSS 1.2, 1.2.4

¿Qué es el tiempo?

En California, el tiempo varía mucho. El **tiempo** es cómo se siente el aire afuera.

El tiempo cambia con las estaciones. Una **estación** es una época del año. Las cuatro estaciones son la primavera, el verano, el otoño y el invierno.

El tiempo de una estación varía dependiendo del lugar. En California, no todos los lugares tienen nieve en invierno.

Primavera

Verano

Otoño

Invierno

Las personas se fijan en el tiempo que hace antes de decidir qué ropa ponerse. Eligen ropa que las mantenga abrigadas, secas o frescas.

Datos breves

El lugar más caliente de Estados Unidos es un desierto en California que se llama el valle de la Muerte. En una ocasión, ¡la temperatura fue de 134 grados en el valle de la Muerte!

Las personas también eligen el tipo de recreación según el tiempo. La **recreación** es lo que hacemos para divertirnos. Hacer deporte o jugar, y disfrutar de actividades al aire libre, son tipos de recreación.

Resumen En California el tiempo varía mucho. El tiempo determina cómo nos vestimos y qué jugamos.

Repaso

❶ 🔦 ¿Cómo afecta el tiempo a las personas?

❷ **Vocabulario** ¿Cuáles son las cuatro **estaciones**?

❸ 🖌 **Actividad** Haz el papel de pronosticador del tiempo. En tu informe, di a las personas qué ropa usar para cada tipo de tiempo.

❹ (Destreza clave) **Categorizar y clasificar** Haz una tabla que muestre maneras de divertirse en el verano y el invierno.

Puntos de vista

¿Qué opinas?

"¿Qué tiene de especial el lugar donde vives?"

Eddie

"Puedo nadar en la playa en el verano y esquiar en las montañas en el invierno".

Sra. Johnson

"Vienen personas de todas partes a ver nuestras bellas mariposas".

Datos del pasado

James Marshall: La fiebre del oro

Cuando James Marshall encontró oro cerca del río American en 1848, comenzó la fiebre del oro en California. Esto convirtió al estado en un lugar especial para vivir.

Srta. Patel

"Tenemos cientos de sitios para comer con comidas de todo tipo".

Sr. Ruiz

"Yo pesco en los diferentes lagos y ríos cerca de nuestra comunidad".

Erin

"Tenemos un buen sistema de autobuses. Es muy fácil ir de un lado a otro en la comunidad".

DESTREZA DE ANÁLISIS

Es tu turno

- ¿Tiene tu comunidad alguna de estas cosas especiales? De ser así, ¿cuáles tiene?
- ¿Qué hace especial a tu comunidad?

Mientras los edificios se apilan
ellos nos cuentan las historias
de las ciudades. . .

Murmuran al pasarlos y dicen:
"Nos construyeron; sus padres.
Paredes de acero,
torres altas,
sus manos tan fuertes.

"Intrépidos escaladores,
aquellos intrépidos hombres escaladores.

"Y todos los que caminan por
    corredores celestes,
caminadores celestes de pie firme,
caminadores celestes naturales.

"Tendedores de puentes.

"Esos cables de acero
cantando en el viento.
Encima de todo,
sí, encima de todo".

Ahora lo vemos todo
y recordamos a nuestros padres.
Aquellos hombres constructores.
Aquellos hombres fuertes,
pero ahora simbólicos,
hombres constructores.

Responde

❶ ¿De qué diferentes lugares
habla este poema?

❷ Aplícalo   Este poema
habla de muchas cosas
que se construyeron. ¿Qué
construyen los constructores
en tu comunidad?

89

Excursión

Costa nacional Point Reyes

Prepárate

La costa nacional Point Reyes es un buen lugar para disfrutar los diferentes tipos de terreno de California. Las costas rocosas, las playas, las colinas y los bosques tienen muchas plantas y animales. ¡Incluso, puedes ver focas y ballenas!

Ubícalo
California

Point Reyes

Observa

Este faro se construyó hace muchos años. Cuando había neblina, enviaba señales a los barcos para advertirles que se acercaban a tierra.

Los alces tule solo se pueden encontrar en California.

El parque nacional Point Reyes tiene más de 140 millas de senderos para caminatas.

Los leones marinos y las focas descansan en la costa.

Muchos animales marinos, como estas estrellas de mar, viven en Point Reyes.

Un paseo virtual

APRENDE en línea

Visita VIRTUAL TOURS en
www.harcourtschool.com/hss
para realizar un paseo virtual.

💡 **Los lugares** Las personas viven en lugares diferentes. El lugar donde vivimos determina nuestro estilo de vida.

⭐(Destreza clave) Categorizar y clasificar

Copia y completa esta tabla para categorizar y clasificar la ropa para los diferentes tipos de tiempo.

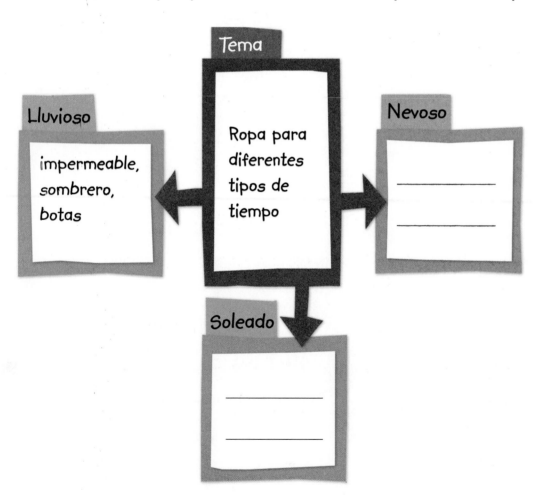

Tema

Ropa para diferentes tipos de tiempo

Lluvioso
impermeable, sombrero, botas

Nevoso
_____
_____

Soleado
_____
_____

Usa el vocabulario

Escribe la palabra que va con cada dibujo.

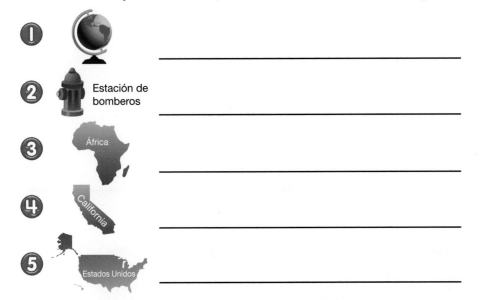

① _____

② Estación de bomberos _____

③ África _____

④ California _____

⑤ Estados Unidos _____

estado
(pág. 59)

país
(pág. 60)

globo terráqueo
(pág. 62)

continente
(pág. 62)

símbolo
(pág. 68)

Recuerda los datos

⑥ ¿Qué muestra un mapa?

⑦ ¿En qué se diferencian los modelos de los dibujos y mapas?

⑧ ¿Qué muestra la leyenda de un mapa?

⑨ ¿Cuál sería un buen refugio en las montañas frías y nevadas?

    A carpa   **C** casa flotante

    B choza de paja   **D** casa de madera

⑩ ¿Cuál NO es un tipo de recreación que harías en la playa?

    A natación   **C** patinaje sobre hielo

    B voleibol   **D** deporte de vela

Piensa críticamente

11 | DESTREZA DE ANÁLISIS | ¿En qué se diferencian los recursos de las montañas de los recursos de la playa?

12 Aplícalo ¿En qué sería diferente tu vida si vivieras en un lugar donde nevara mucho?

Aplica las destrezas

Mi vecindario

Leyenda

Mercado

Escuela

Parque

Biblioteca

Mi casa

13 ¿Cuántos lugares se muestran en el mapa?

14 ¿Qué símbolo muestra la escuela?

15 ¿Dónde irías para buscar un libro en este vecindario?

16 ¿Qué está entre mi casa y la biblioteca?

94

Aplica las destrezas

Parque zoológico

⑰ ¿Qué está al oeste de los leones?

⑱ ¿Qué está al norte de los elefantes?

⑲ Si comienzas donde están los tigres, ¿en qué dirección están los delfines?

⑳ Señala los gorilas con un dedo. Ahora, mueve el dedo hasta los tigres. ¿En qué dirección te moviste?

Actividades

Muestra lo que sabes

Actividad de redacción

Escribe sobre un lugar ¿Qué palabras podrías usar para contarle a un amigo por correspondencia sobre el lugar donde vives?

Escribe una carta Escribe una carta corta a tu amigo por correspondencia contándole del lugar donde vives.

Lecturas adicionales

El desierto del Sahara por Lisa Trumbauer

La energía solar por Susan Ring

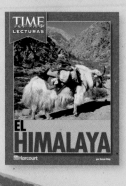

El Himalaya por Susan Ring

Proyecto de la unidad

Mural de lugares donde vivimos Crea un mural para mostrar el lugar donde vives.

- Piensa en diferentes cosas de tu comunidad.
- Dibújalas en un mural.
- Muestra tu mural en otra clase.

APRENDE **en línea**

Visita ACTIVITIES en **www.harcourtschool.com/hss** para hallar otras actividades.

Amamos nuestro país

Comienza con las normas

1.3 Los estudiantes conocen y comprenden los símbolos, iconos y tradiciones de Estados Unidos que aportan continuidad y sentido de comunidad a través del tiempo.

La gran idea

Nuestro país

Aprendemos sobre nuestro país mediante sus símbolos, héroes y días de fiesta nacionales.

Reflexiona

✓ ¿Qué es el Juramento a la bandera?

✓ ¿Por qué tenemos días de fiesta nacionales?

✓ ¿Por qué son importantes los símbolos de nuestro país?

✓ ¿Qué son la Declaración de Independencia y la Constitución de Estados Unidos?

Muestra lo que sabes

★ Prueba de la Unidad 3

 Redacción: Escribe un poema

 Proyecto de la unidad: Fiesta patriótica

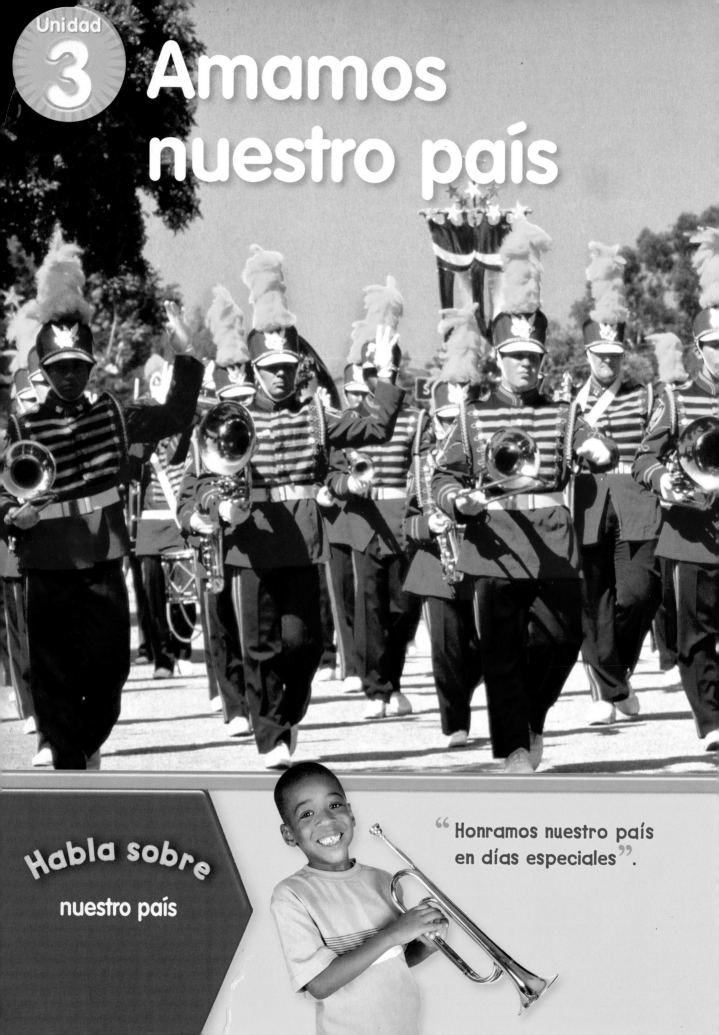

Amamos nuestro país

Habla sobre

nuestro país

"Honramos nuestro país en días especiales".

"Nuestro país tiene muchos símbolos importantes".

"Recordamos a nuestros héroes".

97

bandera Una pieza de tela con colores y figuras que representan cosas. (página 106)

héroe Una persona que hace algo valiente o importante para ayudar a los demás. (página 112)

lugar histórico Un símbolo que es un lugar que pueden visitar las personas. (página 122)

día de fiesta nacional Un día que honra a una persona o evento importante para nuestro país. (página 113)

libertad El derecho que tienen las personas de tomar sus propias decisiones. (página 129)

APRENDE
en
línea

Visita **www.harcourtschool.com/hss** para hallar recursos en Internet para usar con esta unidad.

La lectura en los Estudios Sociales

Destreza clave Idea principal y detalles

Mientras lees, busca la idea principal y los detalles.

- La idea principal te dice de lo que trata la lectura. Es la parte más importante.

- Un detalle da más información. Los detalles explican la idea principal.

Practica la destreza

Lee el párrafo.

Idea principal Estados Unidos tiene muchos símbolos que demuestran que los americanos son libres.

Detalle El águila calva es un símbolo de nuestro país. Es un ave fuerte que vuela libre. La Declaración de Independencia y la Constitución de Estados Unidos están en lugares especiales. Estos símbolos muestran la ardua labor que hicieron nuestros primeros líderes para liberar a nuestro país.

Idea principal

Estados Unidos tiene muchos símbolos que demuestran que los americanos son libres.

Detalles

| águila calva | | |

Esta tabla muestra la idea principal y un detalle de lo que acabas de leer. ¿Qué detalles podrías añadir? Copia la tabla y llénala.

Aplica la destreza mientras lees

Mientras lees, busca la idea principal y los detalles de cada lección.

Tomar notas

Tomar notas te ayuda a recordar lo que lees y oyes. Las notas son datos e ideas importantes. Puedes escribir datos nuevos en un diario de aprendizaje debajo de Tomar notas. También puedes escribir lo que piensas de ellas debajo de Hacer apuntes.

Practica la destreza

El diario de aprendizaje de la siguiente página muestra lo que Michael aprendió sobre la Estatua de la Libertad. Copia el diario de aprendizaje.

- ¿Qué se escribe debajo de Tomar notas?

- ¿Qué se escribe debajo de Hacer apuntes?

102

Diario de aprendizaje

Tomar notas	Hacer apuntes
Francia le dio la Estatua de la Libertad a Estados Unidos.	¡Fue un regalo enorme!

Lee el siguiente párrafo. Luego, completa el diario de aprendizaje.

Francia le quería dar un regalo a Estados Unidos para mostrar que eran amigos. El regalo fue la Estatua de la Libertad ubicada en una isla cerca de la ciudad de New York. Las personas de todo el mundo ven la estatua y recuerdan que somos libres.

Aplica la destreza mientras lees

Haz un diario de aprendizaje. Mientras lees esta unidad, escribe tus notas debajo de Tomar notas. Escribe tus propias ideas y sentimientos debajo de Hacer apuntes.

América

por Samuel F. Smith

ilustrada por Erika LeBarre

Mi país amado,
tierra dulce de la libertad,
es a ti a quien canto;

tierra en la que murieron
mis padres,
orgullo de los peregrinos,
espero que en todas partes
siempre exista la libertad.

Tú eres mi país natal,
tierra de la libertad,
amo mi nacionalidad.

Amo tus piedras y riachuelos,
tus bosques y hermosas colinas,
mi corazón late con vigor,
como el de tu interior.

104

Responde

1 ¿Qué nos dice el autor sobre América?

2 **Aplícalo** ¿Cómo te hace sentir la canción?

105

Juro lealtad

La bandera americana es un símbolo de nuestro país. Una **bandera** es una pieza de tela con colores y figuras que representan cosas. Los estados tienen sus propias banderas. Algunos grupos también tienen banderas.

Reflexiona
¿Qué es el Juramento a la bandera?

✓ La bandera americana es un símbolo importante de nuestro país.

✓ Juramos lealtad a la bandera para mostrar respeto por nuestra bandera y nuestro país.

Vocabulario
bandera
juramento

Destreza clave **Idea principal y detalles**

 **Normas de California**
HSS 1.3, 1.3.1

Banderas

Nuestra bandera es roja, blanca y azul. Tiene 50 estrellas. Cada estrella representa un estado de nuestro país. Las 13 franjas representan los primeros 13 estados. Nuestra bandera cambió a medida que crecía nuestro país.

Cada mañana nos paramos frente a la bandera y recitamos el Juramento a la bandera. Un **juramento** es un tipo de promesa.

El Juramento a la bandera

Juro lealtad a la bandera
de Estados Unidos de América
y a la república que representa,
una nación bajo la protección de Dios,
indivisible, con libertad y
justicia para todos.

El juramento nos recuerda que debemos ser buenos ciudadanos. Cuando recitamos el juramento prometemos respetar la bandera y nuestro país.

Datos breves

En 1814, Francis Scott Key vio que la bandera todavía ondeaba después de una larga batalla. Él escribió un poema en su honor llamado "La bandera adornada de estrellas". Ahora, es la canción de nuestro país. Hoy en día, la bandera que Key vio está en un museo.

Resumen El Juramento a la bandera es una promesa que hacemos para respetar la bandera y nuestro país.

Repaso

1 ¿Qué es el Juramento a la bandera?

2 **Vocabulario** ¿Dónde has visto la **bandera** de nuestro país?

3 **Redacción** Escribe oraciones que indiquen cómo es la bandera de nuestro país.

4 **Idea principal y detalles** ¿Qué representa la bandera americana?

109

Integridad
Respeto
Responsabilidad
Equidad
Bondad
Patriotismo

La importancia del carácter

❖ ¿Cómo demostró Francis Bellamy su patriotismo?

Francis Bellamy

Francis Bellamy trabajaba para una revista infantil llamada The Youth's Companion. Cuando Bellamy escribió el Juramento a la bandera, la revista lo publicó. El 11 de octubre de 1892, los escolares recitaron el juramento por primera vez. Se eligió este día porque marcaba 400 años desde el día en que Colón llegó a América del Norte.

Francis Bellamy escribió el Juramento a la bandera.

Bellamy esperaba que el Juramento a la bandera ayudara a las personas a sentir respeto por nuestro país y nuestra bandera. En 1942, se convirtió en el juramento de nuestro país. Algunas de las palabras han cambiado desde entonces, pero en muchas escuelas, los niños todavía comienzan cada día con el juramento.

Visita MULTIMEDIA BIOGRAPHIES en www.harcourtschool.com/hss para hallar biografías multimedia.

Biografía breve

1855   1931

Fechas importantes

1876 Se gradúa de la Universidad de Rochester

1891 Comienza a trabajar en la revista The Youth's Companion

1892 Escribe el Juramento a la bandera

1942 El Juramento a la bandera se convierte en el juramento de nuestro país

Héroes y días de fiesta

Reflexiona

¿Por qué tenemos días de fiesta nacionales?

✔ Algunos días de fiesta honran a los héroes americanos.

✔ Algunos días de fiesta honran eventos importantes.

Vocabulario

héroe

día de fiesta nacional

Idea principal y detalles

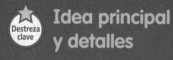

Normas de California

HSS 1.3, 1.3.2

Un **héroe** es una persona que hace algo valiente o importante para ayudar a los demás. Los hombres y las mujeres que trabajan en el ejército son héroes. Ellos ayudan a proteger nuestro país.

Ejército

Un **día de fiesta nacional** es un día que honra a una persona o evento que es importante para nuestro país. El Día de los Caídos y el Día de los Veteranos son dos días de fiesta nacionales. En estos días, recordamos a los héroes que han ayudado en las guerras de nuestro país.

Armada

Infantes de marina

Nuestro país tiene muchos héroes. Tenemos días de fiesta para honrarlos. En el Día de Martin Luther King, Jr. honramos a un hombre que trabajó para que todos los americanos disfrutaran de los mismos derechos.

El Día de los Presidentes comenzó como el cumpleaños de George Washington. Era un día de fiesta para recordar a nuestro primer presidente. Ahora es un día para recordar a todos los presidentes.

Dr. Martin Luther King, Jr.

Abraham Lincoln

George Washington

Hacemos cosas especiales los días de fiesta nacionales. Hay desfiles, vemos fuegos artificiales y nos reunimos con familia y amigos.

Resumen Los días de fiesta nacionales nos ayudan a recordar los eventos y héroes importantes de nuestro país.

Repaso

1 ¿Por qué tenemos días de fiesta nacionales?

2 **Vocabulario** Nombra un **héroe** americano.

3 **Actividad** Con tus compañeros, haz una tabla que informe sobre cada uno de nuestros días de fiesta nacionales.

4 **Idea principal y detalles** ¿Qué hacen los americanos en los días de fiesta nacionales?

Leer un calendario

🌙 Por qué es importante

Un **calendario** se usa para medir el tiempo.

🌙 Lo que necesitas saber

Un calendario muestra los días, las semanas y los meses. Una semana tiene 7 días. Un año tiene 365 días que son 52 semanas o 12 meses.

Hoy significa este día. **Ayer** es el día antes de hoy. **Mañana** es el día después de hoy.

febrero

domingo	lunes	martes	miércoles	jueves	viernes	sábado
				1	2	3
4 Cumpleaños de Rosa Parks	5	6	7	8	9	10
11 Cumpleaños de Thomas Edison	12 Cumpleaños de Lincoln	13	14	15 Cumpleaños de Susan B. Anthony	16	17
18	19 Día de los Presidentes	20	21	22 Cumpleaños de Washington	23	24
25	26	27	28			

Destrezas con tablas y gráficas

❯ Practica la destreza

1 Mira la hoja del calendario. ¿Qué mes muestra?

2 ¿Cuántos días hay en este mes?

3 Nombra los cumpleaños que hay en febrero. ¿En qué día de la semana cae cada cumpleaños?

❯ Aplica lo que aprendiste

DESTREZA DE ANÁLISIS Busca hoy, ayer y mañana en un calendario.

Día de la Bandera

Bernard J. Cigrand fue un maestro que vivió hace más de 100 años. Él amaba la bandera americana. Ponía la bandera en su escritorio donde los niños de su clase la pudieran ver. Les pedía que escribieran sobre cómo los hacía sentir la bandera.

Cigrand y otros querían tener un día de fiesta nacional para honrar nuestra bandera. Trabajaron muchos años para lograr esta idea. Por fin, en 1949, el gobierno creó el día de fiesta que ellos querían. El 14 de junio se declaró como el Día de la Bandera.

Bernard J. Cigrand

Cigrand enseñaba en la escuela Stony Hill en el estado de Wisconsin.

118

Puedes ver la bandera en muchos lugares. Algunas personas cuelgan la bandera de un asta. Esto se llama izar la bandera. Las personas izan las banderas en sus casas y en sus trabajos. La bandera también se iza en tu escuela.

A veces, las personas izan la bandera a media asta, entre la parte superior y la parte inferior del asta. Esto se hace cuando ha muerto alguien importante. Izar la bandera de esta manera demuestra respeto por esta persona.

¿Sabías que...?

¿Sabías que hay reglas sobre cómo tratar la bandera?

★ Nunca dejes que la bandera toque el suelo.

★ Iza la bandera rápidamente. Bájala despacio.

★ No uses la bandera en ropa, toallas, servilletas o platos.

Piensa

Aplícalo ¿Qué sientes por la bandera?

Símbolos americanos

Reflexiona
¿Por qué son importantes los símbolos de nuestro país?

✔ Nuestro país tiene muchos símbolos.
✔ Algunos de nuestros símbolos son lugares históricos.

Vocabulario
lugar histórico

Destreza clave **Idea principal y detalles**

 Normas de California
HSS 1.3, 1.3.3

Estados Unidos de América tiene muchos símbolos. Estos símbolos representan eventos, personas e ideas que son importantes para nosotros.

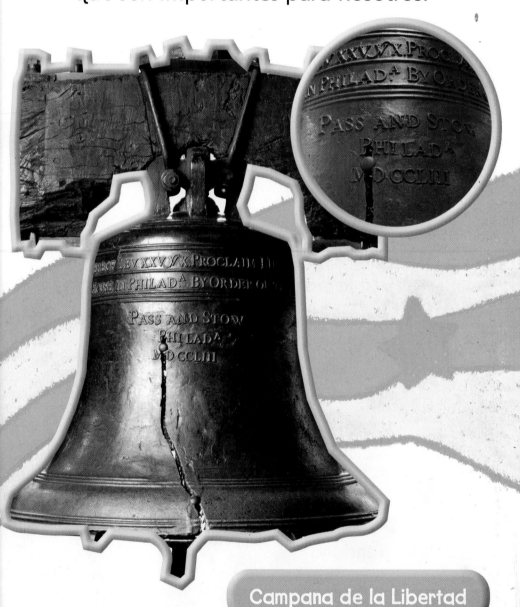

Campana de la Libertad

Algunos símbolos son plantas o animales. La rosa y el águila calva son símbolos americanos.

Los símbolos también pueden ser objetos. La bandera de nuestro país es un símbolo. También son símbolos las imágenes de nuestro dinero.

Águila calva

Algunos símbolos son lugares que podemos visitar. Estos símbolos se llaman **lugares históricos**.

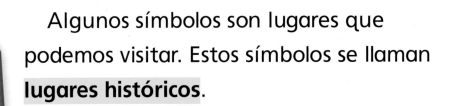

Monumento a Washington

Capitolio

Monte Rushmore

Los niños en la historia

Mudarse a Estados Unidos

Hace mucho tiempo, muchas familias de otros países cruzaron los océanos y llegaron a Estados Unidos para establecer nuevos hogares. ¡Imagínate cómo se sentían los niños! Cuando llegaron a la bahía de New York lo primero que vieron fue una estatua gigante. Un niño de Alemania dijo, "Pensé que era una de las siete maravillas del mundo".*

* The American Park Network

Estatua de la Libertad

Resumen Nuestro país tiene símbolos que representan personas, eventos e ideas que son importantes para nosotros.

Repaso

1. ¿Por qué son importantes los símbolos de nuestro país?

2. **Vocabulario** ¿Cuál es un **lugar histórico** de nuestro país?

3. **Actividad** Haz un móvil que muestre algunos de los símbolos de nuestro país.

4. **Idea principal y detalles** ¿Qué ave es un símbolo americano?

Leer un diagrama

❯ Por qué es importante

Un **diagrama** es una ilustración que muestra las partes de algo.

❯ Lo que necesitas saber

La ilustración de la siguiente página es un diagrama de la Estatua de la Libertad. La estatua es de una mujer que representa la libertad.

❯ Practica la destreza

1 ¿Qué sostiene la mujer en alto?

2 ¿Cuántas ventanas hay en su corona?

3 ¿Qué viste la mujer?

4 ¿Cuál es el nombre de la isla donde está la estatua?

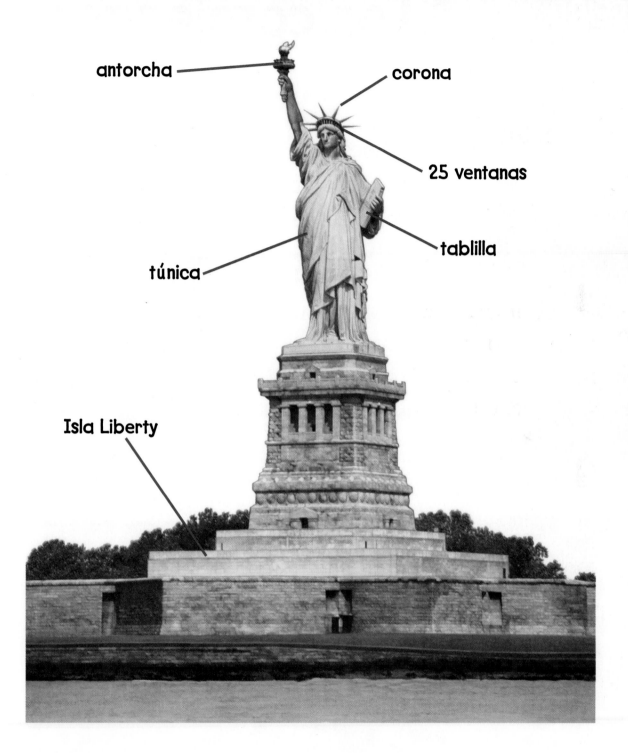

antorcha

corona

25 ventanas

tablilla

túnica

Isla Liberty

❯ Aplica lo que aprendiste

Haz un diagrama de otro lugar histórico
o símbolo americano. Nombra sus partes.

Los comienzos de nuestro país

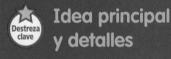

Hace más de trescientos años los colonizadores llegaron a América del Norte desde países de Europa.

Un **colonizador** es una persona que establece su hogar en un lugar nuevo.

DESTREZA DE ANÁLISIS ¿Qué océano cruzó el Mayflower?

126

Las 13 colonias

Inglaterra tenía 13 colonias en la parte oriental de América del Norte. Estas colonias se convirtieron en los primeros 13 estados de Estados Unidos de América.

MAINE (parte de Massachusetts)

NEW HAMPSHIRE

NEW YORK

MASSACHUSETTS

RHODE ISLAND

PENNSYLVANIA

CONNECTICUT

NEW JERSEY

DELAWARE

MARYLAND

VIRGINIA

NORTH CAROLINA

SOUTH CAROLINA

GEORGIA

Norte

Oeste — Este

Sur

OCÉANO ATLÁNTICO

Muchos de los colonizadores eran de Inglaterra. El rey inglés consideraba que las 13 colonias eran una **colonia** de Inglaterra. Esto quería decir que la tierra era gobernada por Inglaterra.

Las personas que vivían en las colonias tenían que obedecer las leyes de Inglaterra. Muchas personas pensaban que las leyes no eran justas.

El 4 de julio de 1776, los líderes americanos firmaron la Declaración de Independencia. Esto le declaraba al rey de Inglaterra que los americanos querían ser libres. Actualmente, el día de fiesta nacional del Día de la Independencia es el 4 de Julio.

"Donde hay libertad, allí está mi país".
—Benjamin Franklin

de una carta a Benjamin Vaughn, 14 de marzo de 1783

Los americanos tuvieron que librar una guerra con Inglaterra por su **libertad**, o sea, el derecho de tomar decisiones. Los americanos ganaron la guerra. Luego, los líderes americanos escribieron la Constitución de Estados Unidos. La Constitución es el conjunto de reglas para nuestro país.

Tambor de marcha

Resumen La Declaración de Independencia y la Constitución de Estados Unidos son símbolos importantes de nuestra libertad.

Repaso

1. ¿Qué son la Declaración de Independencia y la Constitución de Estados Unidos?

2. **Vocabulario** ¿Por qué se muda un **colonizador** a un país nuevo?

3. **Redacción** Explica por qué los líderes americanos escribieron la Constitución.

4. **Idea principal y detalles** ¿Por qué es importante el 4 de Julio?

Aprender sobre la libertad

Puedes aprender sobre el nacimiento de nuestro país por las cosas que se hicieron en esa época. Los mapas, los documentos y las obras de arte, reflejan las ideas y los sentimientos que las personas tenían cuando Estados Unidos de América comenzó a formarse como un país.

Pintura de John Adams, siglo diecinueve

1 ¿Qué puedes aprender cuando lees el diario de alguien?

Una página del diario de John Adams, 1776

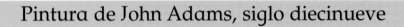

2 ¿Qué te dicen este mapa y esta pintura sobre cómo lucía nuestro país hace mucho tiempo?

Un mapa de las 13 colonias, 1775

Una pintura de la ciudad de Philadelphia, 1776

3 ¿Qué te indican los nombres al final de la Declaración de Independencia?

La Declaración de Independencia

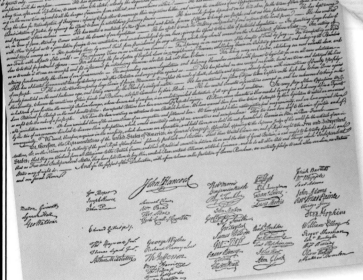

El salón donde se firmó la Declaración de Independencia

Pluma y tinta que usaron los firmantes

4 ¿Qué te indican las palabras "Nosotros, el pueblo…" sobre las reglas y leyes en la Constitución?

George Washington ayudó a escribir la Constitución

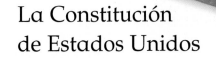

La Constitución de Estados Unidos

DESTREZA DE ANÁLISIS **Analiza las fuentes primarias**

Aplícalo Busca una foto, un documento o un objeto de la historia de tu familia. Escribe unas oraciones que digan por qué es importante para tu familia.

APRENDE **en línea** Visita PRIMARY SOURCES en **www.harcourtschool.com/hss** para hallar fuentes primarias.

¡Feliz 4 de Julio, Jenny Sweeney!

por Leslie Kimmelman

ilustrado por Nancy Cote

¡El sol está en lo alto, es el Cuatro de Julio!

Hay mucha preparación para la celebración.

Jenny Sweeney baña a Rags.

La Sra. Berger iza las banderas.

El bombero Mike lava su camión.

Quentin tiene suerte a millón.

La familia Dalal con orgullo exclama:

"¡Ahora somos americanos!"

en alto proclama.

Arjun brinca y salpica en el chorro.

¡Ese pícaro de Rags se porta como
    un cachorro!

Lisa practica marchar.

Luis saluda la bandera al desplegar.

El Sr. Jonas tiene su gorra puesta.

La bebecita Lily duerme una siesta.

La alcaldesa Swanson prepara
    su discurso.

¡Rags sigue corriendo su loco curso!

El Sr. Hill va a cocinar.

Toda la familia comienza a cenar.

Katie toca su flautín.

Jenny amarra un lazo color carmín.

Emma termina su carroza:

"¡El tío Sam quiere que tú votes!"

La alcaldesa Swanson vacila.

Jenny en su bicicleta se pone en fila.

Jimmy Yang bebe limonada.

¡Mira! ¡Es hora de la desfilada!

¡La fiesta va a comenzar!

Todos vamos a participar.

136

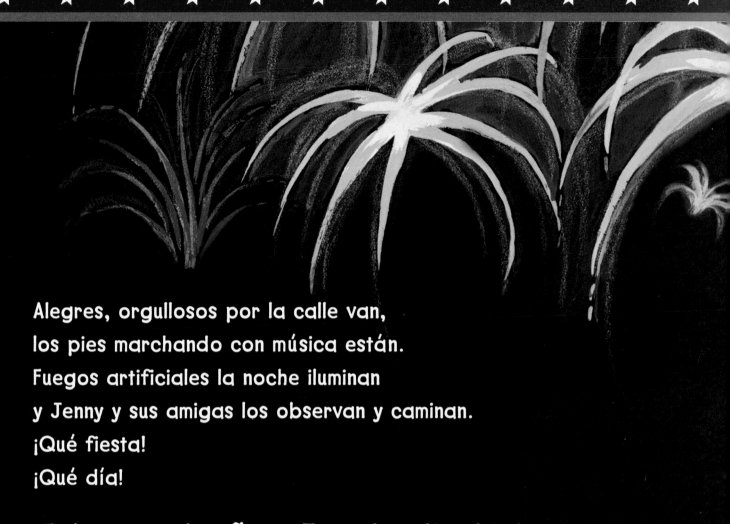

Alegres, orgullosos por la calle van,
los pies marchando con música están.
Fuegos artificiales la noche iluminan
y Jenny y sus amigas los observan y caminan.
¡Qué fiesta!
¡Qué día!

¡Feliz cumpleaños, Estados Unidos!

Responde

1. ¿Qué tipo de cosas hacen las personas en este poema para honrar el 4 de Julio?

2. Aplícalo   Escribe unas oraciones que digan lo que hace tu familia el 4 de Julio.

Cómo las comunidades honran a sus ciudadanos

Prepárate

Muchas comunidades honran a las personas que han hecho algo importante. Quizás nombren una calle, un parque o un edificio en honor a esa persona.

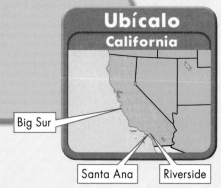

Ubícalo
California

Big Sur

Santa Ana   Riverside

Observa

La escuela secundaria King en Riverside, California, debe su nombre al Dr. Martin Luther King, Jr. Él es un héroe nacional que ayudó a obtener los mismos derechos para todos los americanos.

El parque estatal Julia Pfeiffer Burns debe su nombre a una mujer que ayudó a colonizar el área de Big Sur de California a comienzos del siglo veinte. Este lugar era uno de sus favoritos.

Ronald W. Reagan, ciudadano de California, fue el cuadragésimo Presidente de Estados Unidos. Este palacio de justicia en Santa Ana lo honra con su nombre.

Un paseo virtual

APRENDE
en línea

Visita VIRTUAL TOURS en www.harcourtschool.com/hss para realizar un paseo virtual.

Nuestro país Aprendemos sobre nuestro país mediante sus símbolos, héroes y días de fiesta nacionales.

Destreza clave **Idea principal y detalles**

Copia y llena la tabla para mostrar lo que aprendiste sobre el Juramento a la bandera.

Idea principal

El Juramento a la bandera nos recuerda que debemos ser buenos ciudadanos.

Detalles

Le damos la cara a la bandera cuando recitamos el juramento.

_____
_____

_____
_____

Usa el vocabulario

Escribe la palabra que completa cada oración.

1. El Monumento a Washington es un _____.

2. El 4 de Julio es un _____.

3. Las franjas rojas y blancas de nuestra _____ representan los primeros trece estados.

4. Los americanos libraron una guerra con Inglaterra para tener _____, o sea, el derecho de tomar decisiones.

5. El Dr. Martin Luther King, Jr. es un _____.

bandera
(pág. 106)
héroe
(pág. 112)
día de fiesta
nacional
(pág. 113)
lugar histórico
(pág. 122)
libertad
(pág. 129)

Recuerda los datos

6. ¿Qué representan las 50 estrellas en la bandera americana?

7. ¿Por qué celebramos el Día de los Veteranos?

8. ¿Qué flor es un símbolo americano?

9. ¿Cuál de estos símbolos es un lugar histórico?

   A bandera   C rosa
   B Monte Rushmore   D águila calva

10. ¿Cuántos estados tenía Estados Unidos de América en sus comienzos?

   A 10   C 13
   B 5   D 50

Piensa críticamente

⑪ **DESTREZA DE ANÁLISIS** ¿Por qué los americanos lucharon para liberarse de Inglaterra?

⑫ **Aplícalo** ¿Cómo sería diferente tu vida si no tuviéramos la Constitución de Estados Unidos?

Aplica las destrezas

enero

domingo	lunes	martes	miércoles	jueves	viernes	sábado
	1 Año Nuevo	2	3	4	5	6
7	8	9	10	11	12	13
14	15 Día del Dr. Martin Luther King, Jr.	16	17 Cumpleaños de Benjamin Franklin	18	19	20
21	22	23	24 Día del descubrimiento del oro	25	26	27
28	29	30	31			

⑬ ¿Cuántos días hay en enero?

⑭ ¿Cuándo honramos al Dr. Martin Luther King, Jr.?

⑮ ¿Qué tiene de especial el 1° de enero?

⑯ ¿En qué día de la semana cae el Día del descubrimiento del oro?

Aplica las destrezas

El Capitolio de Estados Unidos

- Estatua de la Libertad
- cúpula
- 108 ventanas
- ala norte
- ala sur
- recinto del Senado
- recinto de la Cámara de Representantes
- frente oeste

17 ¿Qué está encima de la cúpula?

18 ¿Cómo se llama el frente del Capitolio?

19 ¿Cuántas ventanas hay en la cúpula?

20 ¿Cuál recinto está en el ala sur?

Muestra lo que sabes

Lecturas adicionales

El Cuatro
de Julio
por Alan M.
Ruben

Philadelphia:
La cuna de
la libertad
por Lisa
Trumbauer

Una visita
al Capitolio
por Lisa
Trumbauer

Actividad de redacción

Elige un símbolo Piensa en un símbolo o lugar histórico americano famoso. ¿Por qué es un buen símbolo para nuestro país?

Escribe un poema Escribe un poema sobre el símbolo o lugar histórico.

Proyecto de la unidad

Fiesta patriótica Planifica una fiesta patriótica.

- Prepara una charla sobre un héroe, un día de fiesta, un símbolo o un lugar histórico americano.
- Haz invitaciones y adornos para el salón de clases.
- Celebra la fiesta.

APRENDE
en
línea

Visita ACTIVITIES en
www.harcourtschool.com/hss
para hallar otras
actividades.

Nuestro mundo cambia

 Comienza con las normas

1.4 Los estudiantes comparan y contrastan la vida cotidiana en diferentes períodos y lugares del mundo, y reconocen que algunos aspectos de la gente, lugares y cosas cambian a lo largo del tiempo mientras que otros permanecen sin cambios.

La gran idea

El cambio

Hoy en día las personas son iguales a las personas que vivían hace mucho tiempo. Pero el modo de vida ha cambiado a través del tiempo.

Reflexiona

✔ ¿Cómo eran las escuelas de hace tiempo?

✔ ¿Qué les puede suceder a las comunidades con el tiempo?

✔ ¿Cómo ha cambiado el transporte con el tiempo?

✔ ¿En qué se diferencian las vidas de las personas de hoy de las del pasado? ¿En qué se parecen?

Muestra lo que sabes

★ Prueba de la Unidad 4

✏ Redacción: Escribir un cuento

✏ Proyecto de la unidad: Álbum de recortes del pasado y el presente

Nuestro mundo cambia

Habla sobre

el cambio

" Hace mucho tiempo, las escuelas eran diferentes ".

"Las herramientas que usamos han cambiado con el tiempo".

"La tecnología ha mejorado el transporte".

145

vocabulario

pasado   El tiempo antes del actual. (página 166)

presente   El tiempo actual. (página 167)

146

cambiar Convertirse en algo diferente. (página 158)

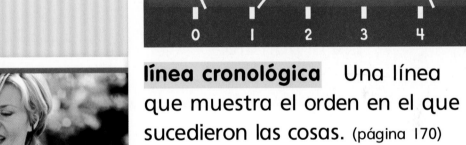

línea cronológica Una línea que muestra el orden en el que sucedieron las cosas. (página 170)

tecnología Todas las herramientas que usamos para facilitar nuestras vidas. (página 176)

APRENDE en línea

Visita **www.harcourtschool.com/hss** para hallar recursos en Internet para usar con esta unidad.

Unidad 4

La lectura en los Estudios Sociales

Destreza clave

Secuencia

Mientras lees, piensa en lo que es una secuencia.

- La secuencia es el orden en el que suceden las cosas. ¿Qué sucede primero? ¿Qué sucede después? ¿Qué sucede por último?

- Busca palabras de secuencia, como <u>primero</u>, <u>después</u>, <u>luego</u>, <u>más tarde</u>, <u>último</u> y <u>finalmente</u>.

Practica la destreza

Lee el párrafo.

Secuencia

Hace tiempo, el día escolar no era como el actual. Los niños se iban a pie hasta la escuela. Todos los grados compartían un salón de clases. Primero, todos los niños leían en voz alta. Después, cada grado recitaba una lección mientras que los demás niños trabajaban en silencio. Por último, los niños ayudaban al maestro con algunos quehaceres. Limpiaban y buscaban leña para el fuego. Cuando terminaban las clases, los niños regresaban caminando a su casa.

148

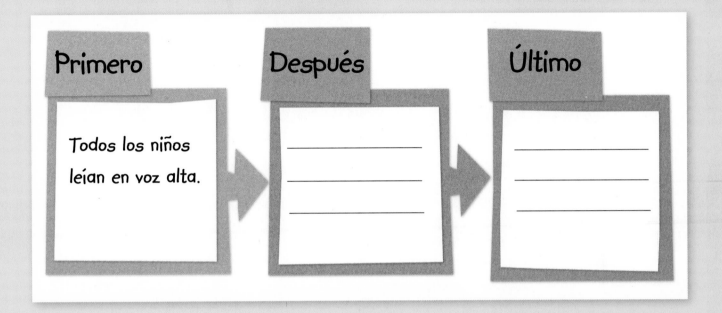

Primero	Después	Último
Todos los niños leían en voz alta.	_____ _____ _____	_____ _____ _____

Esta tabla muestra la secuencia de las cosas que sucedieron hace mucho tiempo en una escuela. Copia la tabla y llénala en orden con las cosas que siguen.

Aplica la destreza mientras lees

Mientras lees, busca palabras que indiquen la secuencia de las cosas.

149

Usar recursos visuales

Es más fácil comprender lo que estás leyendo cuando observas las ilustraciones. Las ilustraciones también hacen más interesante lo que lees.

Practica la destreza

Las ilustraciones pueden contar un cuento. A veces, las ilustraciones tienen leyendas o palabras que las describen. Observa las ilustraciones de estas páginas. Haz preguntas sobre lo que ves.

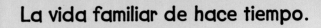

● ¿Qué están haciendo las personas?

● ¿En qué se parece su ropa a la tuya? ¿En qué se diferencia?

● ¿En qué se parece su casa a la tuya? ¿En qué se diferencia?

● ¿Qué te dicen estas fotografías sobre cómo ha cambiado la vida?

Aplica la destreza mientras lees

Mientras lees esta unidad, mira las ilustraciones para ver cómo eran las cosas hace tiempo. Piensa en cómo las ilustraciones te ayudan a comprender lo que lees.

151

Los niños de hace mucho tiempo

por Lessie Jones Little

ilustrado por Jan Spivey Gilchrist

PARTE I

Los niños que vivían hace mucho tiempo

en pueblitos en el campo,

hacían meriendas en la sombra,

jugaban a la raya en patios llenos de polvo,

recolectaban jugosas uvas de las anchas vides,

y remolachas y papas de la tierra,

esos niños de hace mucho tiempo.

Los niños que vivían hace mucho tiempo
en pueblitos en el campo,
caminaban a la escuela por caminos congelados,
se abrigaban cerca de estufas de leña,
cenaban a la luz de lámparas de aceite,
hacían muñecos de nieve vestidos de payasos,
esos niños de hace mucho tiempo.

Los niños que vivían hace mucho tiempo
en pueblitos en el campo,
se vestían con su traje dominguero,
iban a la iglesia y visitaban amigos,
cantaban canciones alegres con mamá y papá,
miraban libros para imaginarse lugares y sonidos,
esos niños de hace mucho tiempo.

PARTE II

A veces, tristes y afligidos,

a veces, alegres y divertidos,

ellos lloraban,

ellos reían,

ellos jugaban,

ellos aprendían,

ellos amaban,

esos niños de hace mucho tiempo.

Responde

1 ¿Qué cosas hacían los niños de este poema?

2 **Aplícalo** ¿En qué se parecen a ti los niños de este poema? ¿En qué se diferencian?

Lección 1

Las escuelas de hace tiempo

Reflexiona
¿Cómo eran las escuelas de hace tiempo?

✔ Las escuelas han cambiado con el tiempo.

✔ Las escuelas de hoy día son iguales de algunas maneras a las de hace tiempo.

Vocabulario
cambiar
herramienta

Destreza clave Secuencia

Normas de California
HSS 1.4, 1.4.1

Las escuelas cambian con el tiempo. **Cambiar** es convertirse en algo diferente.

Hace tiempo, muchos niños aprendían en la casa. Otros iban a las escuelas que solo tenían un salón y un maestro. Los niños de distintas edades aprendían juntos.

Escuela de un solo salón, 1917

Hoy en día, los niños van a muchos tipos de escuelas. La mayoría de las escuelas tienen muchos salones y maestros. Algunas formas de aprendizaje son las mismas que se usaban en las escuelas de hace tiempo. Otras, son diferentes.

Escuela de educación especial

Escuela pública

Enseñanza en la casa

Tenemos muchas herramientas que nos ayudan a aprender. Una **herramienta** es algo que usamos para hacer un trabajo. En las escuelas de hace tiempo, los niños tenían herramientas que eran diferentes a las que tenemos hoy en día.

lonchera, de finales de 1800

Herramientas escolares de hace tiempo

Hace mucho tiempo, los niños aprendían a leer con una cartilla. Usaban tiza para escribir en pizarrones pequeños llamados tablillas. Sumergían plumas en tinta para escribir en papel. Los niños usaban una herramienta llamada ábaco para contar. ¿Cuál de estas herramientas se parecen a las cosas que usamos hoy en día?

cartilla

ábaco

tablilla

pluma y tinta

Hace tiempo, los niños jugaban muchos de los juegos que juegan los niños en la actualidad. También jugaban otros juegos. La mayoría de sus juguetes eran hechos a mano.

DESTREZA DE ANÁLISIS Observa estas dos fotos de hace mucho tiempo de niños jugando. ¿Qué juego se parece a uno que todavía se juega hoy en día?

Los niños en la historia

George S. Parker

George S. Parker era bueno para inventar juegos nuevos. En 1883, vendió su primer juego a la edad de 16 años. Él les pidió ayuda a sus hermanos. Su compañía hizo muchos juegos de mesa populares que todavía jugamos hoy en día.

Hace tiempo, algunos niños tenían que caminar millas para llegar a la escuela. Otros iban en carretas. Hoy en día, los niños van a la escuela en carros o autobuses escolares. Algunos niños van caminando, como los niños de hace tiempo.

Resumen Las escuelas de hace mucho tiempo eran diferentes a las de hoy día. De algunas maneras, eran iguales.

Repaso

❶ 🔆 ¿Cómo eran las escuelas de hace tiempo?

❷ **Vocabulario** ¿Cuáles **herramientas** usaban los niños en las escuelas de hace mucho tiempo? ¿Qué herramientas usamos hoy en día?

❸ ✏️ **Redacción** Haz un dibujo de una escuela de hace tiempo. Escribe una oración que la describa.

❹ ⭐ **Secuencia** ¿Qué herramientas usaban los niños para escribir, antes de que existieran los lápices y bolígrafos que usamos hoy en día?

163

Ordenar cosas en grupos

◗ Por qué es importante

Puedes ordenar cosas en grupos para ver en qué se parecen y en qué se diferencian.

◗ Lo que necesitas saber

Una **tabla** es un cuadro que muestra cosas en grupos. Esta tabla tiene dos grupos. Un grupo muestra herramientas de hace tiempo y el otro muestra herramientas de hoy día.

◗ Practica la destreza

❶ ¿Qué lado de la tabla muestra las herramientas que usan los niños hoy día?

❷ ¿Cuándo escribían los niños en tablillas? ¿Cómo lo sabes?

❸ ¿Usaban marcadores los niños de hace mucho tiempo? ¿Cómo lo muestra la tabla?

164

Herramientas escolares

Hace mucho tiempo	Hoy en día

☾ Aplica lo que aprendiste

Aplícalo Haz una tabla. En un lado, muestra las herramientas que usarías para hacer un dibujo. En el otro lado, muestra las herramientas que usarías para escribir un cuento.

165

Lección 2

Las comunidades del pasado

Reflexiona
¿Qué les puede
suceder a las
comunidades con
el tiempo?

✓ Las comunidades
siempre cambian.

✓ Las personas
ayudan a cambiar
las comunidades.

Vocabulario
pasado
presente
futuro

Secuencia

Normas de
California
HSS 1.4, 1.4.1

Los lugares crecen y cambian con el
tiempo al igual que las personas. Marc
vive en Julian, California. Así se veía
su comunidad en el **pasado**, o sea, el
tiempo antes del actual.

Pasado

166

La comunidad de Marc ha cambiado mucho. Así es Julian en el **presente**, o sea, en la actualidad.

Las comunidades cambian de muchas maneras. Las personas pueden ayudar a cambiarlas. Las familias comenzaron a mudarse a Julian hace muchos años. Construyeron casas, escuelas y tiendas. Julian creció mucho.

Presente

DESTREZA DE ANÁLISIS ¿En qué se diferencian estas fotografías? ¿En qué se parecen?

Los tipos de trabajo que hacen las personas también pueden cambiar una comunidad. En el pasado, las personas llegaron a Julian en busca de oro. Cuando se acabó el oro, las personas necesitaron trabajos nuevos.

Ahora Julian tiene fama por los cultivos de manzanas. Julian seguirá cambiando en el **futuro**, o sea, el tiempo que viene.

Resumen Las comunidades cambian con el tiempo. Las personas ayudan a cambiar las comunidades.

Repaso

1 ¿Qué les puede suceder a las comunidades con el tiempo?

2 **Vocabulario** ¿Cómo era diferente la comunidad de Marc en el **pasado**?

3 **Actividad** Haz un dibujo para mostrar cómo crees que era tu comunidad en el pasado.

4 **Secuencia** ¿Qué le dio fama a la comunidad de Marc después de que se acabó el oro?

Usar una línea cronológica

⟩ Por qué es importante

Puedes mostrar cómo cambian las cosas con el tiempo.

⟩ Lo que necesitas saber

Una **línea cronológica** muestra el orden en el que sucedieron las cosas. Una línea cronológica puede mostrar días, semanas, meses o años. Lees una línea cronológica de izquierda a derecha. Las cosas que sucedieron primero están a la izquierda.

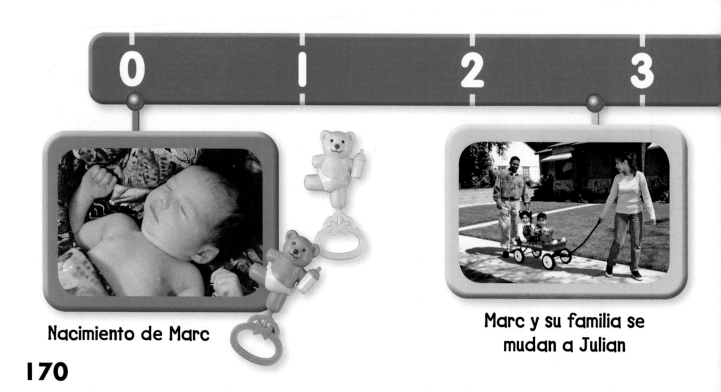

Nacimiento de Marc

Marc y su familia se mudan a Julian

170

Practica la destreza

1. Mira la línea cronológica de Marc. ¿Qué edad tenía Marc cuando comenzó la escuela?

2. Determina cuándo es que Marc tenía seis años. ¿Qué foto muestra esto?

3. ¿Qué sucedió cuando Marc tenía casi tres años?

Aplica lo que aprendiste

DESTREZA DE ANÁLISIS Aplícalo Haz una línea cronológica que muestre cómo has cambiado.

La primera bicicleta de Marc

4 5 6 7

Marc comienza
la escuela

Fiesta de cumpleaños de Marc
cuando cumplió 7 años

171

Aprender con las historias

Las historias del pasado nos pueden decir cómo han cambiado las cosas con el paso del tiempo. En un teatro llamado Stagebridge en Oakland, California, los niños oyen historias que cuentan los adultos.

Las personas en el teatro también enseñan a los niños a contar historias. Primero, los niños piden a sus abuelos u otros adultos en su familia que les cuenten historias del pasado. Después, escriben las historias en papel. Luego, los niños cuentan las historias a las personas de su comunidad.

Los adultos nos pueden contar sobre el pasado.

Puedes descubrir muchas cosas cuando escuchas las historias que cuentan los adultos. Sus historias te pueden decir cómo era la vida en el pasado. Las historias te muestran cómo han cambiado algunas cosas y cómo otras no han cambiado.

Los niños también cuentan las historias.

¿Sabías que...?

¿Sabías que puedes contar una historia como esta?

⭐ Pide a un adulto de tu familia que te cuente cómo era la vida cuando tenía tu edad.

⭐ Escribe la historia. Pregunta para saber más.

⭐ Cuéntale la historia a los demás.

Piensa

Aplícalo ¿A quién le podrías pedir que te cuente una historia del pasado?

Cambios en el transporte

En el pasado, el transporte era muy lento. Las personas tardaban mucho en ir de un lugar a otro.

 Reflexiona
¿Cómo ha cambiado el transporte con el tiempo?

✓ La nueva tecnología ha cambiado el transporte.

✓ Los nuevos tipos de transporte han cambiado nuestra manera de vivir.

Vocabulario
tecnología

Destreza clave Secuencia

 **Normas de California**
HSS 1.4, 1.4.2

canoa

174

La mayoría de las personas no viajaban para ir a lugares nuevos. Muchas personas nunca viajaron más allá del lugar donde nacieron.

carromato

⚡ Datos breves

En el pasado, el Pony Express llevaba el correo desde el estado de Missouri hasta California. Los jinetes a caballo hacían el viaje en diez días. Ese era el servicio expreso. ¡Un servicio muy rápido en ese entonces!

Las personas han usado la tecnología para crear nuevas maneras de ir de un lugar a otro. La **tecnología** consiste de todas las herramientas que usamos para facilitar nuestras vidas.

La tecnología ha mejorado al transporte de muchas maneras. Los barcos, trenes, carros, aviones y otros tipos de transporte ahora son más seguros y más rápidos.

La tecnología siempre está cambiando. Actualmente, las personas pueden ir fácilmente a lugares que están lejos. Pueden viajar alrededor del mundo en pocos días. Las personas han ido hasta el espacio. ¡El transporte ha cambiado mucho!

Salida: La Tierra

Llegada: La Luna

Resumen El transporte ha cambiado. La tecnología ha logrado que el transporte sea mejor ahora que en el pasado.

Repaso

❶ ¿Cómo ha cambiado el transporte con el tiempo?

❷ **Vocabulario** ¿Cómo ha cambiado la **tecnología** el transporte?

❸ **Actividad** Haz una tabla como la de la página 165 para mostrar el transporte del pasado y del presente.

❹ **Destreza clave** **Secuencia** ¿Qué tipo de transporte se usó primero: el avión, el carro o la canoa?

179

Diferenciar hecho de ficción

❯ Por qué es importante

Algunas historias son inventadas y otras tratan sobre cosas reales.

❯ Lo que necesitas saber

Las historias sobre cosas reales se llaman **no ficción**. Estas historias solo cuentan hechos. Un **hecho** es algo que es verdadero y no es inventado.

En su mayoría, las historias inventadas son **ficción**. Algunas historias de ficción contienen hechos que hacen que parezcan reales.

A veces subo.

A veces bajo.

180

Practica la destreza

1 Mira estos dos libros. Ambos muestran un tipo de transporte.

2 Mira las ilustraciones y las palabras de cada libro.

3 ¿Qué libro es ficción? ¿Qué libro tiene solo hechos?

El Boeing 747 hizo su primer viaje en 1969. Este llevaba a casi 500 pasajeros a más de 500 millas por hora. El 747 puede permanecer en el aire por 17 horas y recorrer más de 8,000 millas. El propio avión es más largo que la distancia del primer vuelo de los hermanos Wright.

Aplica lo que aprendiste

DESTREZA DE ANÁLISIS Busca un libro sobre el pasado. ¿Crees que es ficción o no ficción? ¿Cómo lo sabes?

Biografía

Integridad

Respeto

Responsabilidad

Equidad

Bondad

Patriotismo

La importancia del carácter

❓ ¿Cómo demostró Bessie Coleman respeto por sí misma y por los demás?

Bessie Coleman

Ser la primera mujer piloto afroamericana, no fue fácil para Bessie Coleman. Las escuelas de vuelo americanas no la aceptaban. A comienzos de 1900, nunca había habido una mujer piloto afroamericana. "Me niego a aceptar no como respuesta",* escribió ella.

* atribuido a Bessie Coleman, 1921

Bessie Coleman fue la primera mujer afroamericana que llegó a ser piloto.

Bessie Coleman aprendió francés para tomar lecciones de vuelo en Francia.

En 1995, Bessie Coleman fue honrada con esta estampilla.

Coleman asistió a una escuela de vuelo en Francia. Bessie se convirtió en la primera mujer americana, y la primera afroamericana, en obtener una licencia de piloto internacional. Regresó famosa a su país.

En un aeropuerto donde hubo un espectáculo aéreo, había dos entradas, una para gente negra y otra para gente blanca. Coleman no volaría hasta que todos pudieran usar la misma entrada. Bessie Coleman ayudó a muchas personas a respetarse unas a otras.

APRENDE en línea

Visita MULTIMEDIA BIOGRAPHIES en **www.harcourtschool.com/hss** para hallar biografías multimedia.

Biografía breve

1892   1926

Fechas importantes

1918 Las historias de los pilotos la animan a aprender a volar

1920 Asiste a la escuela de vuelo en Francia

1921 Obtiene su licencia de piloto internacional

1922 La gente aplaude su primer espectáculo aéreo

4

Las personas del pasado

A Darla le encanta ver películas familiares con su abuela Mary. Darla aprende cómo era la vida cuando su abuela Mary era una niña.

Reflexiona
¿En qué se diferencian las vidas de las personas de hoy de las del pasado? ¿En qué se parecen?

✔ La vida ha cambiado de como era en el pasado.

✔ La tecnología ha cambiado la manera como hacemos las cosas.

Vocabulario
comunicación

Destreza clave **Secuencia**

Normas de California
HSS 1.4, 1.4.3

Las películas muestran cómo nos vestíamos antes. —Siempre usaba vestidos cuando era una niñita, —explica la abuela Mary. Darla cree que la abuela Mary se veía linda, pero a Darla le gusta usar jeans y camisetas.

—Al igual que muchas otras mujeres en ese entonces, mi mamá trabajaba en la casa, —le dice la abuela Mary a Darla—. Ella se encargaba de la casa y cuidaba a mis hermanos y a mí.

Hoy en día, tanto los hombres como las mujeres trabajan en la casa. Los hombres y las mujeres también tienen trabajos fuera de la casa. La abuela Mary trabaja como dentista.

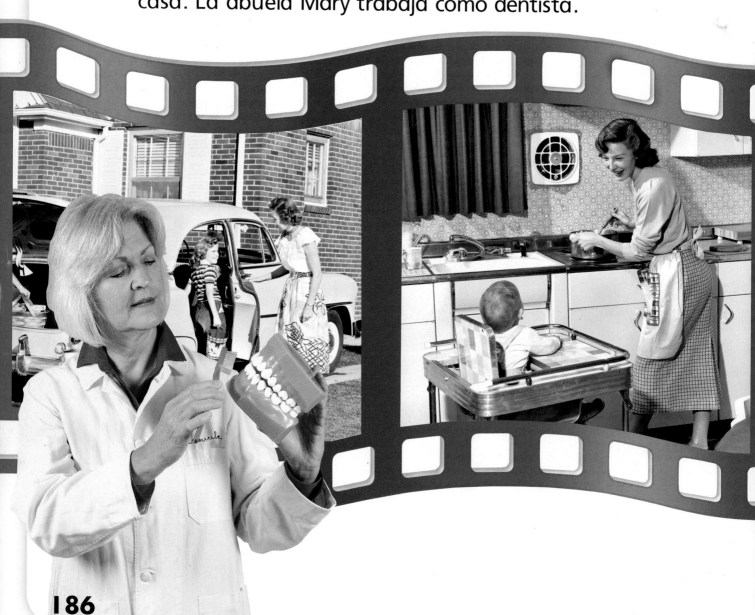

La abuela Mary le cuenta lo mucho que se divertía cuando era niña. Algunos de los juegos que ella jugaba eran diferentes a los juegos de Darla y algunos eran iguales.

—Cada año, nuestra familia iba al festival Old Spanish Days en Santa Barbara, California, —dice la abuela Mary—. Hoy en día, la gente todavía asiste a este festival.

Las personas hablan y escriben para compartir ideas y sentimientos todos los días. Esta acción de compartir se llama **comunicación**.

En el pasado, la abuela Mary escribía cartas a sus amigos y hablaba con otros por teléfono.

Actualmente, ella y Darla se comunican de la misma manera que en el pasado. También usan la computadora para enviar cartas y fotografías por correo electrónico.

Resumen Algunas cosas que hacen las personas han permanecido iguales y otras han cambiado con el transcurso del tiempo.

Repaso

1. ¿En qué se diferencian las vidas de las personas de hoy de las del pasado? ¿En qué se parecen?

2. **Vocabulario** ¿Qué tipos de **comunicación** usaban las personas del pasado para compartir noticias?

3. **Redacción** Pídele a un adulto de tu familia que te cuente cómo era la vida del pasado. Escribe lo que dice. Muéstraselo a tus compañeros.

4. **Secuencia** ¿Era la abuela Mary una niñita antes o después que nació Darla?

Herramientas caseras

Las herramientas nos ayudan a hacer cosas. Las personas han usado diferentes tipos de herramientas en sus casas durante muchos años. La nueva tecnología mejora las herramientas. Observa estas herramientas que usaban las personas en el pasado para ver cómo han cambiado las herramientas caseras con el tiempo.

lechero, década de 1940

1 ¿Cómo crees que sería usar estas herramientas?

refrigerador, década de 1930

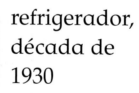

triturador de papas

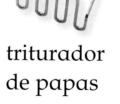

batidor de huevos

2 ¿En qué se parecen estas herramientas a las que tenemos en la casa actualmente?

lavadora, década de 1930

plancha, de finales de 1800

pinza para tender la ropa

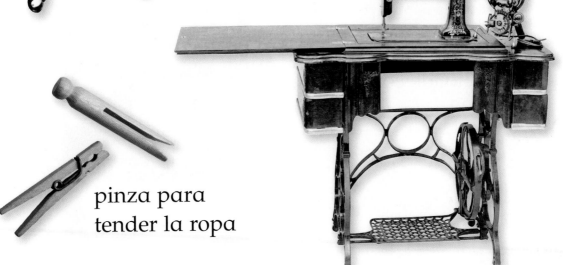

máquina de coser, de finales de 1800

3 ¿En qué se diferencian estas herramientas de las que usas?

máquina de escribir, década de 1920

teléfono, de comienzos de 1900

radio, década de 1920

cámara, de comienzos
de 1900

fonógrafo, de
finales de 1800

televisión, década
de 1950

DESTREZA DE ANÁLISIS ## Analiza las fuentes primarias

Observa las fotografías otra vez. Luego, piensa en las
herramientas que usamos hoy. Escribe una oración que
diga cómo crees que han cambiado las herramientas.

APRENDE
en
línea

Visita PRIMARY SOURCES en
www.harcourtschool.com/hss para
hallar fuentes primarias.

Termina con un cuento

"Colchas de retazos"

de Cherry Pies and Lullabies

por Lynn Reiser

194

En este cuento, una persona
de una generación hace una
colcha para alguien de la siguiente
generación. Una generación es un
grupo de personas que nacen y viven
en la misma época. Algunas cosas
son diferentes en cada generación.
Algunas cosas son iguales.

Mi bisabuela
dio una colcha de retazos
a mi abuela;

mi abuela
dio una colcha de retazos
a mi mamá;

mi mamá
me dio una colcha
de retazos a mí;

y yo dí una
colcha de retazos
a mi osito.

199

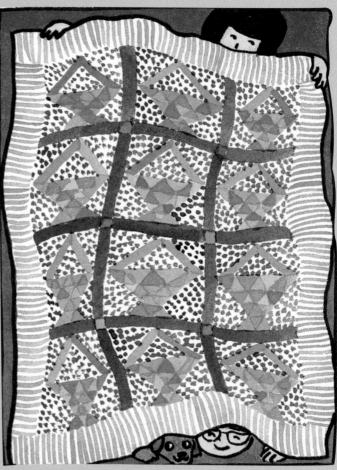

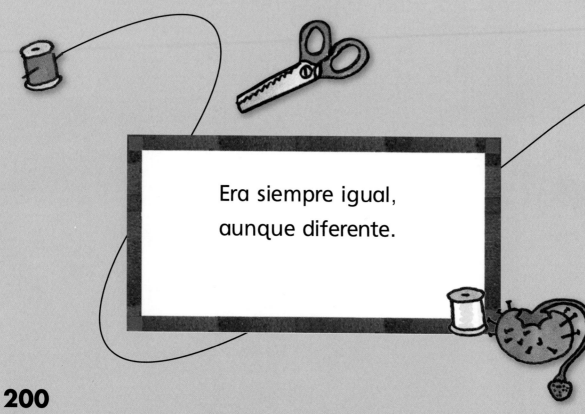

Era siempre igual,
aunque diferente.

Responde

1. ¿En qué se parece cada generación en este cuento? ¿En qué se diferencia?

2. **Aplícalo** Cuenta algo que tu familia haya pasado de generación en generación.

Parque Histórico Estatal
Columbia

Prepárate

Hace mucho tiempo, las personas llegaron al pueblo de Columbia en California en busca de oro. En el presente, el pueblo es un parque histórico estatal. Las personas lo visitan para ver cómo era la vida durante la fiebre del oro.

Ubícalo
California

Columbia

Observa

Los visitantes que llegan a Columbia aprenden a usar recipientes para separar el oro.

202

El primer banco del pueblo todavía luce igual a como lucía en la década de 1850.

Dentro de la Engine Company hay un camión de bomberos que se usaba para apagar incendios hace mucho tiempo.

Una escuela elemental del pasado

Los visitantes caminan o pasean en una carreta como lo hacían las personas del pasado.

Un paseo virtual

APRENDE en línea

Visita VIRTUAL TOURS en **www.harcourtschool.com/hss** para realizar un paseo virtual.

203

Repaso

El cambio   Hoy en día las personas son iguales a las personas que vivían hace mucho tiempo. Pero el modo de vida ha cambiado a través del tiempo.

Secuencia

Destreza clave

Copia y llena la tabla para mostrar lo que aprendiste sobre cómo ha cambiado el transporte.

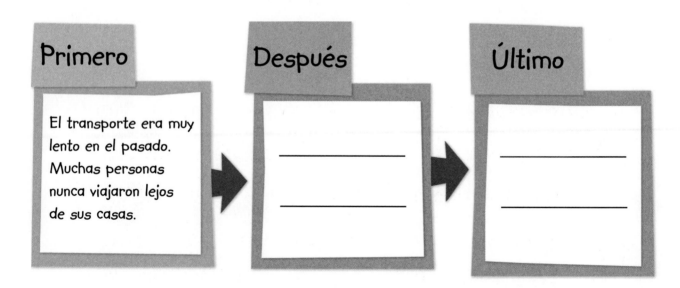

Primero

El transporte era muy lento en el pasado. Muchas personas nunca viajaron lejos de sus casas.

Después

_____

_____

Último

_____

_____

Usa el vocabulario

Llena los espacios en blanco con las palabras correctas.

María hizo una ❶ _____ para mostrar el orden en el que sucedieron las cosas en su pueblo. Ella aprendió cómo vivían las personas en el ❷ _____, o sea, el tiempo antes que el actual. También mostró cómo viven las personas ahora, en el ❸ _____. María aprendió cómo pueden ❹ _____, o sea, convertirse en algo diferente. Un cambio es que las personas ahora usan carros en vez de caballos. Los carros son un tipo de ❺ _____ que facilita nuestras vidas.

cambiar
(pág. 158)

pasado
(pág. 166)

presente
(pág. 167)

línea cronológica
(pág. 170)

tecnología
(pág. 176)

Recuerda los datos

❻ ¿Cómo iban los niños a la escuela en el pasado?

❼ Nombra dos cosas que cambian a una comunidad.

❽ ¿Cómo ha ayudado la tecnología al transporte?

❾ ¿Para qué se hablan o escriben las personas?

    A para compartir ideas   **C** para descansar más

    B para estar solas   **D** para actuar con equidad

❿ ¿Cuál de estos enunciados NO era verdad en el pasado?

    A Viven en comunidades.   **C** Usan correo electrónico.

    B Juegan.   **D** Van a la escuela.

Piensa críticamente

11. **DESTREZA DE ANÁLISIS** ¿Cómo podría cambiar nuestro mundo en el futuro?

12. **Aplícalo** ¿Cómo ha cambiado tu comunidad con el tiempo?

Aplica las destrezas

13. ¿Qué lado de la tabla muestra el transporte que usamos en el presente?

14. ¿Volaban las personas en aviones grandes en el pasado? ¿Cómo lo sabes?

15. ¿Cuándo viajaban las personas en veleros grandes?

16. ¿En qué lado de la tabla añadirías un transbordador espacial?

Transporte

Pasado	Presente

Aplica las destrezas

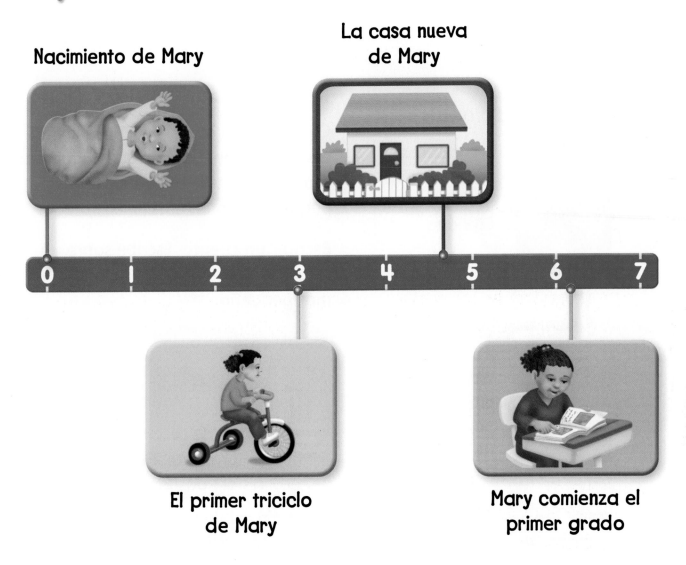

Nacimiento de Mary

La casa nueva de Mary

El primer triciclo de Mary

Mary comienza el primer grado

0 1 2 3 4 5 6 7

⑰ ¿Qué muestra esta línea cronológica?

⑱ ¿Cuándo recibió Mary su primer triciclo?

⑲ ¿Qué sucedió cuando Mary tenía casi cinco años?

⑳ ¿Qué fue lo último que sucedió en esta línea cronológica?

Unidad 4

Actividades

Muestra lo que sabes

Actividad de redacción

Comparte un recuerdo Todas las cosas cambian. Las personas también cambian. Piensa cuando eras más pequeño. ¿Cómo eras?

Escribir un cuento Escribe sobre un recuerdo que tengas de cuando eras más pequeño.

Lecturas adicionales

Los trabajos del pasado por Jeri Cipriano

Los hermanos Wright y el primer avión por Alan M. Ruben

San Diego por Sheila Sweeny

Proyecto de la unidad

Álbum de recortes del pasado y el presente Haz un álbum de recortes del pasado y el presente.

- Dibuja o busca ilustraciones del pasado y del presente.
- Pégalas en unas páginas en blanco.
- Muestra tu álbum de recortes.

APRENDE **en línea**

Visita ACTIVITIES en **www.harcourtschool.com/hss** para hallar otras actividades.

208

Las personas de nuestro mundo

 Comienza con las normas

1.5 Los estudiantes describen las características humanas de lugares familiares y la variedad de orígenes de los ciudadanos y residentes de Estados Unidos en esos lugares.

La gran idea

Las personas

Aunque los americanos provienen de diferentes orígenes, comparten algunas creencias.

Reflexiona

✓ ¿Quién pertenece a una comunidad?

✓ ¿Cómo han impactado en nuestra cultura los indios americanos?

✓ ¿Cómo han contribuido los inmigrantes a nuestra cultura?

✓ ¿Qué te pueden enseñar los cuentos tradicionales sobre las culturas?

✓ ¿Cómo muestran sus culturas las personas?

Muestra lo que sabes

★ **Prueba de la Unidad 5**

✎ **Redacción: Escribir un párrafo**

🖌 **Proyecto de la unidad: Feria cultural**

Unidad 5

Las personas de nuestro mundo

Habla sobre

las personas

"Hace mucho tiempo, muchos indios americanos vivían en California".

"Las personas llegan de todas partes del mundo a vivir en Estados Unidos de América".

"Compartimos nuestra cultura de muchas maneras".

209

cultura La forma de vida de un grupo. (página 220)

tradición Una manera especial de hacer algo que se pasa de padres a hijos. (página 222)

historia   El relato de lo que sucedió en el pasado.

(página 228)

inmigrante   Una persona de otra parte del mundo que llega a vivir a este país.

(página 236)

costumbre   La manera en que un grupo hace algo. (página 251)

APRENDE
en línea

Visita **www.harcourtschool.com/hss** para hallar recursos en Internet para usar con esta unidad.

La lectura en los Estudios Sociales

Destreza clave

Comparar y contrastar

Mientras lees, compara y contrasta cosas.

● Comparas dos cosas pensando en qué se parecen.

● Contrastas dos cosas pensando en qué se diferencian.

Practica la destreza

Lee el párrafo.

Comparar

Contrastar

Mara y Rosa son buenas amigas. La familia de Mara es de Polonia. Ella habla polaco e inglés. La familia de Rosa es de México. Ella habla español e inglés. A Mara y a Rosa les gusta jugar básquetbol pero les gustan comidas diferentes. A Mara le gusta una sopa polaca llamada chlodnik y a Rosa le gustan las tortillas, un pan mexicano.

Mara

su familia es de Polonia

_____

_____

Semejanzas

Son buenas amigas.

_____

_____

_____

Rosa

su familia es de México

_____

_____

Esta tabla muestra en qué se parecen y en qué se diferencian Mara y Rosa. ¿Qué puedes añadir? Copia la tabla y complétala.

Aplica la destreza mientras lees

Mientras lees, busca la manera de comparar y contrastar diferentes clases de personas.

Guía de preparación

A veces, es posible que las ideas que tengas sobre alguna cosa no sean correctas. Una guía de preparación te ayuda a pensar sobre ideas antes de leer. Después de leer, puedes usar la guía de preparación para ver si tenías razón.

Practica la destreza

La guía de preparación de la siguiente página muestra ideas sobre algunas cosas de esta unidad. Lee las oraciones y coméntalas con otra persona. Luego, copia la guía de preparación.

- Encierra la **V** en un círculo si crees que la oración es verdadera.

- Encierra la **F** en un círculo si crees que la oración es falsa.

Guía de preparación

V	F	1. Todas las personas celebran lo mismo.
V	F	2. Las familias que llegan a Estados Unidos traen sus culturas.
V	F	3. Los indios americanos llegaron a Estados Unidos de otro país.
V	F	4. Puedes aprender sobre una cultura cuando lees cuentos tradicionales.
V	F	5. Las personas pueden mostrar su cultura con la ropa que usan.

Aplica la destreza mientras lees

Revisa la Guía de preparación mientras lees esta unidad. Fíjate si tus ideas estaban correctas. Habla sobre cómo tus ideas cambiaron después de leer la unidad.

Qué maravilloso el mundo es

por George David Weiss y Bob Thiele

ilustrada por Ashley Bryan

Veo árboles y su verdor,

rojas rosas y su color,

que florecen

para nosotros dos,

y lo que pienso es,

"¡Qué maravilloso el mundo es!"

216

Veo los cielos, tan azules

y también las blancas nubes,

el brillante, santo día,

y la oscura, sagrada noche,

y lo que pienso es,

"¡Qué maravilloso el mundo es!"

Veo colores del arco iris en el firmamento.

Y también en los rostros de toda la gente.

Veo amigos que se saludan con un "¿Cómo estás?"

Pero lo que están diciendo es "Te quiero" y mucho más.

Oigo a bebés llorando, y los veo crecer.

Mucho más que yo van a saber,

y lo que pienso es,

"¡Qué maravilloso el mundo es!"

Sí, lo que yo pienso es,

"¡Qué maravilloso el mundo es!"

Responde

1 ¿Qué nos dice esta canción sobre el mundo?

2 **Aplícalo** ¿Qué crees que tiene el mundo de maravilloso?

Todos unidos

Reflexiona
¿Quién pertenece a una comunidad?

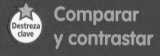

✓ Las personas de una misma comunidad tienen diferentes culturas.

✓ Las diferentes personas de una comunidad comparten muchas cosas.

Vocabulario
cultura
tradición

Destreza clave

Comparar y contrastar

Normas de California
HSS 1.5, 1.5.1

Ben y su familia se acaban de mudar a una nueva ciudad. A Ben le gusta aprender sobre las diferentes culturas de su nueva comunidad. Una **cultura** es la forma de vida de un grupo.

Ben tiene muchos amigos en su nueva escuela. Los niños de la clase también provienen de diferentes culturas.

Muchas cosas forman parte de la cultura de un grupo: los alimentos, la ropa y el baile. Ben ha aprendido que diferentes culturas hacen de su comunidad un lugar interesante para vivir.

alimento

ropa

baile

Las personas de una comunidad también comparten muchas cosas. Respetan su comunidad y siguen sus tradiciones. Una **tradición** es una manera especial de hacer algo que se pasa de padres a hijos.

Las personas de diferentes culturas viven y trabajan juntas en su comunidad. Aprender sobre cómo nos diferenciamos y compartimos tradiciones nos ayuda a llevarnos bien.

¡Extravaganza Croata!

Resumen Una comunidad está formada por personas de diferentes culturas que comparten muchas de sus tradiciones.

Repaso

1. ¿Quién pertenece a una comunidad?

2. **Vocabulario** ¿Qué es una **tradición**?

3. **Actividad** Haz un dibujo sobre tu cultura.

4. **Comparar y contrastar** Mira a los niños de esta página. ¿En qué se parece su ropa a la tuya? ¿En qué se diferencia?

Puntos de Vista

¿Qué opinas?

¿Qué es lo que más te gusta de tener muchas culturas en tu comunidad?

David

"Puedo probar comida de muchos países en los restaurantes de mi comunidad".

Sr. Fernández

"Nos gusta aprender sobre otras culturas en los festivales de nuestra comunidad".

Datos del pasado

Robert C. Weaver: Muchas culturas

Estados Unidos aprobó una ley en que las personas de todas las culturas tienen el derecho de vivir en cualquier comunidad. Robert C. Weaver trabajó para hacer cumplir esta nueva ley.

Sr. Peters

"La dueña de la panadería de mi vecindario me está enseñando unas palabras en francés".

Sra. Martínez

"Los artistas de diferentes culturas hacen murales para que las personas de la comunidad los disfruten".

Kelsey

"¡Me encanta escuchar la música típica que tocan los músicos en las calles!".

DESTREZA DE ANÁLISIS

Es tu turno

- ¿Qué culturas tienes en tu comunidad?
- ¿Cómo las diferentes culturas hacen interesante tu comunidad?

Los primeros habitantes de América

Los primeros habitantes de América del Norte se conocen como indios americanos. Había muchos grupos diferentes y cada uno tenía su propia cultura.

los nez percé

los pomo

los mandan

los hopi

Este mapa muestra dónde vivían algunos grupos de indios americanos hace mucho tiempo. El lugar donde vivía cada grupo afectaba su cultura. Hoy en día, muchos indios americanos todavía viven en partes de Estados Unidos.

DESTREZA DE ANÁLISIS ¿Qué grupo de indios americanos que se muestra en este mapa vivía en la California de hoy?

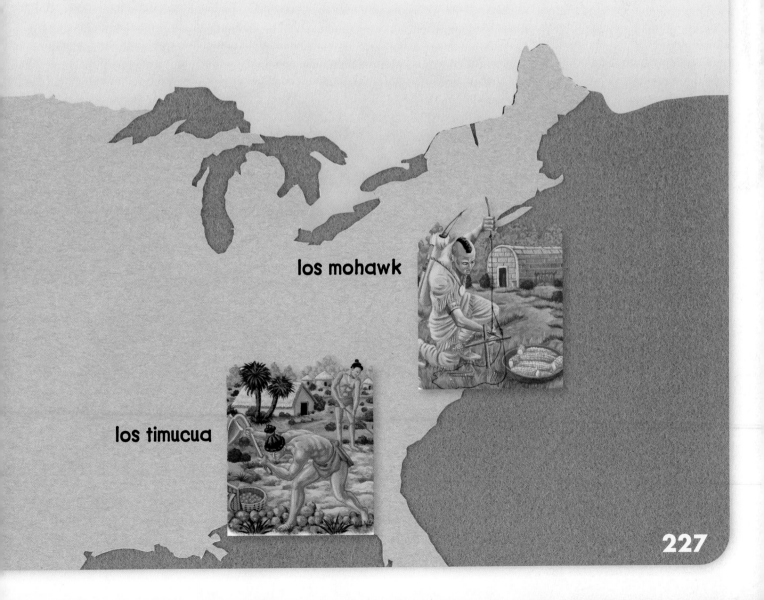

los mohawk

los timucua

Estos niños escuchan a un indio americano que está contando historias de su pueblo. La **historia** es el relato de lo que sucedió en el pasado. Algunos relatos de la historia son mitos. Un mito es como un relato que explica por qué algo en la naturaleza es así.

Cada grupo de indios americanos tenía su propio **lenguaje**, o sea, su manera de hablar. Los indios americanos usaban el lenguaje para transmitir cuentos sobre su cultura y tradiciones. Sabemos mucho sobre su historia mediante estos relatos que muchos indios americanos todavía cuentan hoy en día.

Datos breves

En Estados Unidos hay lugares con nombres que provienen de lenguajes de los indios americanos. El nombre de la ciudad de Pasadena en California, es una palabra india americana que significa "valle".

OLD PASADENA

Está en la lista del

REGISTRO NACIONAL
DE LUGARES
HISTÓRICOS

Por el Ministerio del Interior
de Estados Unidos
15 de septiembre, 1983

Los primeros colonizadores que llegaron a nuestro país aprendieron mucho de los indios americanos. Los indios les enseñaron sobre las plantas y los animales de ese lugar. Les enseñaron cómo cultivar y cocinar los nuevos alimentos y cómo hacer otras cosas que necesitaban.

DESTREZA DE ANÁLISIS ¿Qué muestra este mapa sobre cada uno de los grupos?

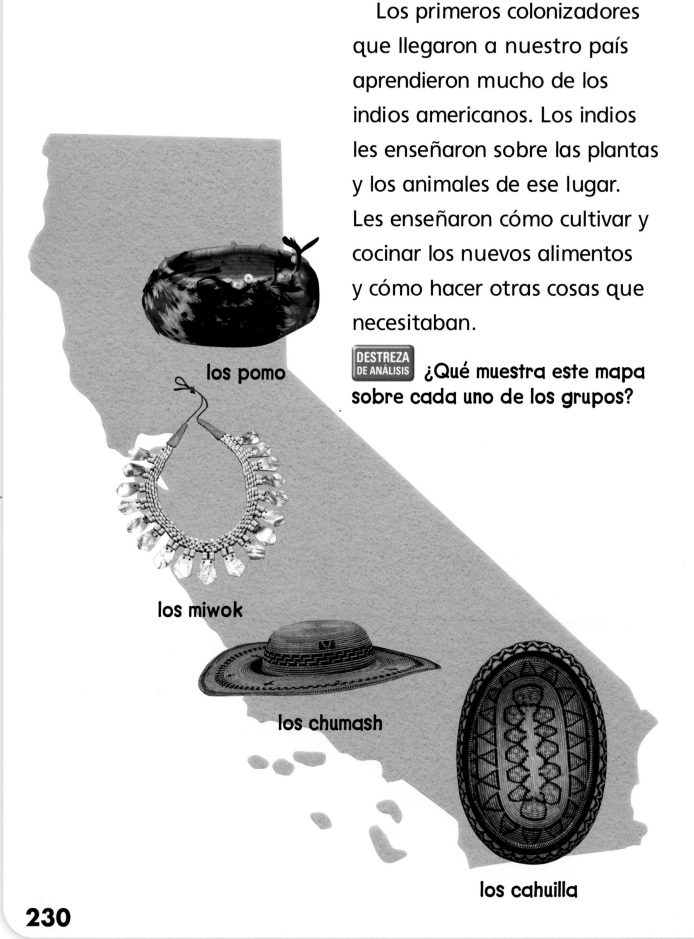

los pomo

los miwok

los chumash

los cahuilla

230

Los indios americanos tienen una larga historia en California. Más de 100 grupos viven en California actualmente. Todavía honran las tradiciones de sus culturas.

Tejedoras de cestas de los hupa.

Resumen Los indios americanos ayudaron en el desarrollo de nuestro país. Compartieron sus culturas y tradiciones con los primeros colonizadores.

Repaso

❶ ¿Cómo han impactado en nuestra cultura los indios americanos?

❷ **Vocabulario** ¿Cómo tu familia recuerda su **historia**?

❸ **Redacción** Escribe unas cuantas oraciones que digan lo que aprendiste sobre las culturas indias americanas.

❹ **Comparar y contrastar** Mira la artesanía india americana de la página 230. ¿En qué se parecen a las cosas que usas?

Seguir un organigrama

❯ Por qué es importante

Un **organigrama** es una tabla que muestra los pasos necesarios para hacer algo.

❯ Lo que necesitas saber

El título dice de qué trata el organigrama. Cada oración dice de un paso. Las flechas muestran el orden de los pasos.

❯ Practica la destreza

1 ¿Qué muestra este organigrama?

2 ¿Qué hacían primero los chumash?

3 ¿Qué hacían después de añadir agua al polvo de bellotas?

Los indios chumash comían sopa de bellotas con cada comida.

Cómo hacían sopa de bellotas los chumash

① Quítale las cáscaras a las bellotas.

② Tritura las bellotas hasta convertirlas en polvo.

③ Añade agua al polvo de bellotas.

④ Pon piedras calientes en la sopa para cocinarla.

❯ Aplica lo que aprendiste

Aplícalo Piensa en algo que sabes hacer, como cepillarte los dientes. Haz un organigrama que muestre a los demás cómo hacerlo.

233

Integridad

Respeto

Responsabilidad

Equidad

Bondad

Patriotismo

La importancia del carácter

❓ ¿Cómo Sacagawea demostró responsabilidad?

Sacagawea

Sacagawea era una india americana de la tribu shoshón. Cuando era joven, Sacagawea conoció a dos exploradores llamados capitán Meriwether Lewis y capitán William Clark. Este encuentro cambió su vida.

Lewis y Clark querían explorar la parte occidental de América del Norte. Necesitaban que una persona que conociera esa parte los ayudara. Le pidieron a Sacagawea que fuera su guía. Ella accedió a acompañarlos con su bebé.

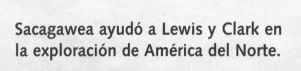

Sacagawea ayudó a Lewis y Clark en la exploración de América del Norte.

Sacagawea ayudó a Lewis y Clark a hablar con los indios americanos y aprender sobre la tierra.

Sacagawea es honrada con la ilustración de su rostro impreso en una moneda.

Sacagawea ayudaba a los indios americanos a no tenerles miedo a los extraños. Ella también le pidió a su tribu que les dieran caballos y alimentos a los exploradores. Cuando los documentos importantes de Lewis y Clark cayeron al agua, Sacagawea los rescató. Sus acciones responsables ayudaron de muchas maneras a los exploradores.

APRENDE
en línea

Visita MULTIMEDIA BIOGRAPHIES en www.harcourtschool.com/hss para hallar biografías multimedia.

Biografía breve

CA.1786   CA.1812

Fechas importantes

alrededor de 1804
Se casa con Toussaint Charbonneau

Febrero de 1805
Nacimiento de su hijo

Mayo de 1805
Sirve de guía a los exploradores Lewis y Clark

1809 Se muda con su familia a St. Louis

Las personas hallan nuevos hogares

Reflexiona
¿Cómo han contribuido los inmigrantes a nuestra cultura?

✓ Los inmigrantes de todo el mundo traen sus culturas a Estados Unidos.

✓ Los inmigrantes de nuestro país tienen la libertad de mantener sus propias culturas.

Vocabulario
inmigrante
mundo

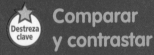
Comparar y contrastar

Normas de California
HSS 1.5, 1.5.2

Anahat, Kwame, Juan y Yana hacen un álbum de recortes sobre sus familias. Todos son inmigrantes en California. Un **inmigrante** es una persona de otra parte del mundo que llega a vivir a este país. El **mundo** son todas las personas y los lugares de la Tierra.

Anahat es de la India.

Kwame es de Ghana.

Juan es de El Salvador.

Yana es de Rusia.

237

Las familias que llegan a Estados Unidos traen sus culturas y tradiciones y las comparten con los demás. Muchos tipos de alimentos, ropa y diversiones han llegado a este país gracias a los inmigrantes.

La familia de Anahat es dueña de un restaurante hindú.

La familia de Kwame vende arte africano.

La mamá de Yana enseña ballet que aprendió en Rusia.

La abuela de Juan vende ropa que aprendió a hacer en El Salvador.

Patrimonio cultural

Inmigrantes alemanes

Hace tiempo, muchos americanos se quedaban en sus casas descansando los fines de semana. A los inmigrantes alemanes les gustaba hacer cosas para divertirse los fines de semana. Salían para hacer picnics, escuchaban música y practicaban deportes. Muy pronto, otras personas comenzaron a hacer lo mismo. Ahora, muchos americanos disfrutan de esas diversiones los fines de semana.

Durante muchos años la gente ha llegado a Estados Unidos de otros lugares. Algunos inmigrantes cruzaron el océano desde países como China, Irlanda e Italia. Otros llegaron por tierra desde Canadá y México.

Isla Angel, California

Un pasaporte ruso

Hoy en día, la gente sigue llegando a Estados Unidos. Las personas pueden mantener sus culturas y tradiciones cuando se mudan a nuestro país. También pueden compartir la cultura americana.

Resumen Los inmigrantes llegan a Estados Unidos de todas partes del mundo. Sus culturas ayudan a que nuestro país cambie y crezca.

Repaso

❶ 💡 ¿Cómo han contribuido los inmigrantes a nuestra cultura?

❷ **Vocabulario** ¿Qué es el **mundo**?

❸ ✏️ **Actividad** ¿En qué países vivieron tus familiares antes de llegar a Estados Unidos? Marca los lugares en un globo terráqueo o en un mapa.

❹ ⭐ **Comparar y contrastar** ¿En qué se parecen a ti, Anahat, Kwame, Juan y Yana? ¿En qué se diferencian?

241

Seguir una ruta

❯ Por qué es importante

Una **ruta** en un mapa muestra cómo ir de un lugar a otro.

❯ Lo que necesitas saber

En este mapa de California, la línea roja muestra una ruta desde la ciudad de San Francisco a la ciudad de Blythe. Imagínate que tú y tu familia son inmigrantes. Acabas de cruzar el océano hasta llegar a San Francisco. Ahora vas a tu nuevo hogar en Blythe siguiendo la ruta del mapa.

❯ Practica la destreza

❶ Observa el mapa. ¿Dónde comienza y termina la ruta?

❷ ¿Qué río vas a ver al comienzo de tu viaje?

❸ ¿En qué dirección irías después de pasar Los Angeles?

❹ ¿Qué otros lugares están cerca de la ruta?

242

De San Francisco a Blythe

Leyenda

→ Ruta

~ Río

◉ Ciudad

🌳 Parque nacional

🌊 Océano

Río San Joaquín

San Francisco

Parque Nacional Joshua Tree

Los Angeles

Mar de Salton

Blythe

N
O   E
S

🌙 Aplica lo que aprendiste

DESTREZA DE ANÁLISIS **Aplícalo** Haz un mapa de tu escuela. Muestra la ruta que tomaste desde tu salón de clases hasta el patio de recreo.

 Practica tus destrezas con mapas y globos terráqueos con el **CD-ROM GeoSkills.**

243

Expresar la cultura

Reflexiona

¿Qué te pueden enseñar los cuentos tradicionales sobre las culturas?

✔ Las personas comparten sus culturas mediante cuentos.

✔ Algunos cuentos tradicionales de diferentes culturas son la misma historia relatada de diferentes maneras.

Vocabulario
cuento tradicional
religión

Destreza clave

Comparar y contrastar

Normas de California
HSS 1.5, 1.5.3

Cada cultura tiene cuentos tradicionales. Un **cuento tradicional** es una historia que se transmite de persona a persona. La mayoría de los cuentos tradicionales se relataron durante muchos, muchos años antes de que se escribieran en papel.

Cuando la Liebre despertó, vio que Tortuga, lenta y constante, había

Puedes aprender sobre una cultura leyendo y escuchando cuentos tradicionales. Las palabras, ilustraciones, bailes y otras artes se usan para relatar estos cuentos.

Marionetas mexicanas

estaba equivocada.

ganado la carrera.

Bailadoras hawaianas

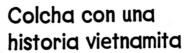

Colcha con una historia vietnamita

245

Los cuentos tradicionales pueden mostrar muchas cosas sobre una cultura. Pueden contar sobre su gente y los lugares donde la gente vive. Los cuentos tradicionales también pueden contar sobre las tradiciones y la manera de hacer las cosas de una cultura.

Los cuentos tradicionales pueden contar sobre la naturaleza.

Los cuentos tradicionales pueden mostrar tradiciones.

THE NAME OF THE TREE

A BANTU FOLKTALE RETOLD BY Celia Barker Lottridge
ILLUSTRATED BY Ian Wallace

Chanukah in Chelm

David A. Adler • Kevin O'Malley

Los cuentos tradicionales nos pueden enseñar lecciones y ayudarnos a conocer las creencias de otras personas. Los cuentos tradicionales también nos pueden enseñar que las culturas tienen diferentes religiones. Una **religión** es una creencia en un dios o dioses.

Los cuentos tradicionales pueden enseñar lecciones.

Los cuentos tradicionales pueden enseñar creencias.

One Grain of Rice

Demi

A MATHEMATICAL FOLKTALE

HOW NIGHT CAME FROM THE SEA

A STORY FROM BRAZIL

Retold by MARY-JOAN GERSON ★ Pictures by CARLA GOLEMBE

Algunos cuentos se encuentran en casi todas las culturas. Estos cuentos tradicionales son el mismo cuento relatado de diferentes maneras y en diferentes lenguajes.

—"¡Ven!", le ordenó. "Debes probarte esta zapatilla rosada."

Las jóvenes siervas se quedaron boquiabiertas cuando el Faraón se arrodilló frente a Rhodopis. Ella se puso la pequeña zapatilla sin esfuerzo y sacó la otra de entre los pliegues de su túnica.

"¡Hela aquí!", exclamó Amasis. "¡En todos los alrededores no hay ninguna otra que merezca más el título de reina!".

"Pero, ¡Rhodopis es una esclava!", dijo una de las siervas en tono de protesta.

"¡Y no es ni siquiera egipcia!", clamó Kina mientras sollozaba.

"Ella es más egipcia que cualquiera", declaró el Faraón. "Sus ojos son tan verdes como el Nilo; su cabello, tan suave como el papiro; y su piel, tan rosada como la flor de loto".

El Faraón llevó a Rhodopis a su palacio y por donde ella pisaba, sus zapatillas color rosa brillaban y despedían destellos.

"Entonces ella debe merecer que yo sea su esposo", dijo el magistrado, "porque su zapatilla de la suerte me ha guiado hasta ella".

"¡Es otro de los trucos mágicos de Pigling!" observó Omoni entre dientes, mientras jalaba a Peony hacia el palanquín." "¡Mi hijta te va a dar DOS zapatillas! ¡Eso es doble suerte!"

El magistrado miró a Omoni como si ella hubiera perdido la razón. Luego, se volvió hacia Pear Blossom y dijo: "Me considero lo

suficientemente afortunado si aquella a quien le quede ésta se convierte en mi esposa".

Pear Blossom sonrió muy tímidamente sin poder pronunciar palabra, y se puso la sandalia.

Omoni se quedó atónita, tiesa como una estatua de barro, pero Peony salió corriendo hacia los campos de arroz a buscar el buey mágico. Apenas pudo ver sus cascos por un segundo, antes de que se fuera galopando.

LA CENICIENTA EGIPCIA

por Shirley Climo • ilustrado por Ruth Heller

LA CENICIENTA COREANA

por Shirley Climo
illustrado por Ruth Heller

Resumen Las personas comparten sus culturas mediante cuentos tradicionales. Estos cuentos pueden relatar tradiciones y creencias de una cultura.

Repaso

1. 💡 ¿Qué te pueden enseñar los cuentos tradicionales sobre las culturas?

2. **Vocabulario** ¿Qué es una **religión**?

3. 🖌 **Actividad** Representa un cuento tradicional que trate sobre una cultura que sea diferente a la tuya.

4. (Destreza clave) **Comparar y contrastar** Lee o escucha dos cuentos de La Cenicienta de diferentes culturas. ¿En qué se parecen y en qué se diferencian los cuentos?

249

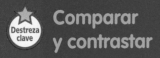

Compartir culturas

Reflexiona
¿Cómo muestran sus culturas las personas?

✓ Las personas de diferentes culturas tienen maneras especiales de hacer las cosas.

✓ Las celebraciones ayudan a las personas a compartir sus culturas.

Vocabulario
celebración
costumbre

 **Comparar y contrastar**

Normas de California
HSS 1.5, 1.5.3

En la cultura de Li, la celebración del Año Nuevo Chino dura 15 días. Una **celebración** es un tiempo para estar feliz por algo especial.

Cada día del Año Nuevo Chino tiene una **costumbre**, o sea, una manera de hacer algo. Es una costumbre celebrar la última noche del Año Nuevo Chino con un Festival de linternas.

Li no creció en China. Él aprende sobre la cultura china con las tradiciones, celebraciones y costumbres de su familia y su comunidad.

La familia de Anita es de México. El 5 de mayo de cada año celebran el Cinco de Mayo. Esta es una celebración para honrar a México.

Hay muchas celebraciones diferentes en nuestro país. Cada cultura está orgullosa de sus costumbres y tradiciones. Compartir celebraciones especiales nos ayuda a aprender más sobre cada uno.

Resumen Las personas celebran tiempos especiales. Compartimos nuestras costumbres y tradiciones cuando celebramos con los demás.

Repaso

1 ¿Cómo muestran sus culturas las personas?

2 **Vocabulario** ¿Cuál es una **celebración** que compartes con tu familia?

3 **Actividad** Haz un collage sobre culturas. Muestra diferentes costumbres, tradiciones y celebraciones.

4 **Destreza clave** **Comparar y contrastar** ¿En qué se parece la celebración del Año Nuevo Chino y el Año Nuevo en Estados Unidos? ¿En qué se diferencian?

253

Cómo se embellecieron los escarabajos

un cuento tradicional de Brasil
ilustrado por Christopher Corr

Hace mucho tiempo, en Brasil, un escarabajo de color café se arrastraba hacia el río Amazonas. De repente, una paca pasó a su lado.

—Fuera de mi camino, Escarabajo —dijo el roedor rechoncho de color café y blanco—. Eres demasiado lento.

Un loro verde y amarillo había estado observando todo desde la rama de un árbol. —Paca —dijo él—. ¿Cuál es el problema?

254

—Escarabajo está en mi camino —dijo Paca—.

—Lo siento —dijo Escarabajo—. Voy camino al río.

—Sí —dijo Paca—. Eres tan lento que nunca llegarás allí. Si fueras rápido como yo, llegarías en un abrir y cerrar de ojos.

A Loro no le gustaba cómo Paca se jactaba. —Vamos a hacer una carrera —dijo él—. El primero que llegue al río ganará un hermoso abrigo nuevo. Ahora, ¡en sus marcas, listos, fuera!

255

Paca y Escarabajo comenzaron su carrera mientras Loro volaba hacia el río. Paca iba muy adelante de Escarabajo hasta que ya no lo pudo ver.

—Escarabajo nunca me alcanzará —pensó Paca—. Paca terminó la carrera rápido.

—Aquí estoy, Loro —dijo él—. Ahora quiero mi abrigo nuevo.

—Mira a tu lado —dijo Loro—.

Paca miró hacia abajo y vio a Escarabajo sentado junto al río. —¿Cómo llegaste aquí antes que yo? —dijo él—. ¡Yo puedo correr mucho más rápido que tú!

—Yo no corrí —dijo Escarabajo—. Yo volé.

—¡Ay, no! Olvidé que Escarabajo tenía alas —dijo Paca—.

—Sí. Estabas muy ocupado hablando de ti mismo para acordarte —dijo Loro—. Dime Escarabajo, ¿qué colores quieres que tenga tu abrigo nuevo?

—Verde y dorado, por favor —dijo Escarabajo.

Y, hasta este día, los escarabajos son hermosos. Las pacas todavía son rechonchas, pero un poco más agradables.

Responde

1 ¿Qué te dice este cuento sobre Brasil?

2 Aplícalo ¿Alguna vez has escuchado un cuento como este?

Festival internacional de máscaras

Prepárate

¡Es divertido visitar el Festival internacional de máscaras en Los Angeles, California! Las máscaras forman parte de muchas tradiciones en todo el mundo. Las actividades del festival ayudan a las personas a compartir sus culturas.

Ubícalo
California

Los Angeles

Observa

258

Las personas comparten su cultura con música, bailes, comida y relatos.

En el festival puedes aprender cómo hacer máscaras y otros tipos de artesanías.

Las personas muestran sus máscaras y trajes en el Desfile de máscaras del festival.

Un paseo virtual

APRENDE en línea

Visita VIRTUAL TOURS en www.harcourtschool.com/hss para realizar un paseo virtual.

259

Repaso

💡 **Las personas** Aunque los americanos provienen de diferentes orígenes, comparten algunas creencias.

(Destreza clave) Comparar y contrastar

Copia y completa la tabla para comparar y contrastar los indios americanos y los inmigrantes.

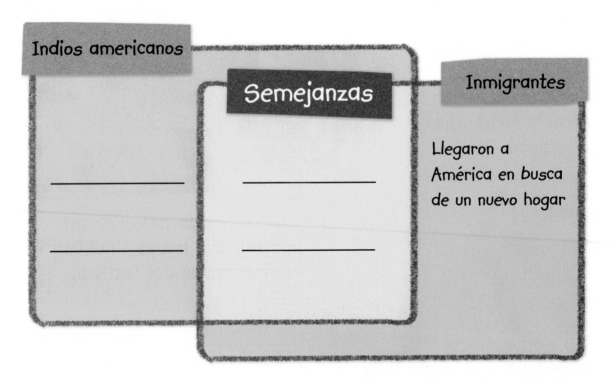

Indios americanos

_____

_____

Semejanzas

_____

_____

Inmigrantes

Llegaron a América en busca de un nuevo hogar

Usa el vocabulario

Da otro ejemplo para explicar cada palabra.

	Palabras	Ejemplos	
①	cultura (pág. 220)	forma de vida de los indios americanos	
②	tradición (pág. 222)	abrir regalos de cumpleaños antes del desayuno	
③	historia (pág. 228)	los americanos libraron una guerra por la libertad	
④	inmigrante (pág. 236)	una persona que se muda de Alemania a América	
⑤	costumbre (pág. 251)	baile del dragón chino	

Recuerda los datos

⑥ ¿Cuál es una manera especial de hacer algo que se transmite de padres a hijos?

⑦ ¿Quiénes fueron los primeros habitantes de América del Norte?

⑧ ¿De dónde provienen los inmigrantes?

⑨ ¿Qué es un cuento tradicional?

    A una historia que se transmite de persona a persona

    B un momento de sentirse feliz por algo

    C una creencia en un dios o dioses

    D la manera de hablar de un grupo

⑩ ¿Qué cultura celebra el Año Nuevo durante 15 días?

    A alemana   **C** mexicana

    B china   **D** americana

Piensa críticamente

11 [DESTREZA DE ANÁLISIS] ¿En qué se parecen los inmigrantes de hoy en día a los primeros colonizadores? ¿En qué se diferencian?

12 **Aplícalo** ¿Cómo celebra tu familia su cultura?

Aplica las destrezas

13 ¿Dónde comienza la ruta?

14 ¿Qué ciudades atraviesa la ruta antes de llegar a San Jose?

15 ¿Por qué bahía pasa la ruta?

16 ¿En qué dirección viajas para ir de Eureka a San Jose?

De Eureka a San Jose

Eureka
Redding
Santa Rosa
Sacramento
San Francisco
Bahía de San Francisco
San Jose
Monterey
Fresno
Bakersfield
Lompoc
Barstow
Los Angeles
San Diego

Leyenda
— Ruta
• Ciudad
★ Capital
~ Río

Norte
Oeste · Este
Sur

OCÉANO PACÍFICO

Aplica las destrezas

Cómo hacer una linterna china

1. Dobla un pedazo de papel por la mitad.

2. Haz cortes pequeños a lo largo del doblez.

3. Desdobla el papel y pégalo por los bordes.

4. Pega una tira de papel de un extremo al otro para hacer una asa.

17. ¿Cuántos pasos hay que seguir para hacer una linterna china?

18. ¿Cuál es el primer paso?

19. ¿Qué haces después de cortar el papel?

20. ¿Cuál es el último paso?

Unidad 5 Actividades

Muestra lo que sabes

Lecturas adicionales

Celebraciones de invierno por Ellen Catala

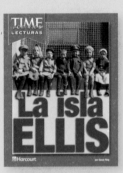

La isla Ellis por Susan Ring

Los muñecos narradores de los pueblo por Susan Ring

Actividad de redacción

Compara culturas Piensa en tu cultura y en otra cultura.

Escribir un párrafo Escribe un párrafo sobre las semejanzas y diferencias de tu cultura y otra cultura.

Proyecto de la unidad

Feria cultural Planifica una feria cultural.

- Investiga sobre una cultura de tu comunidad.
- Haz un quiosco con actividades y exhibiciones.
- Realiza la feria.

APRENDE en línea Visita ACTIVITIES en **www.harcourtschool.com/hss** para hallar otras actividades.

264

En el mercado

Comienza con las normas

1.6 Los estudiantes comprenden conceptos básicos de economía y el rol de la elección individual en la economía de libre mercado.

La gran idea

Los mercados

Las personas intercambian bienes y servicios unas con otras. Toman decisiones sobre cómo gastar su dinero.

Reflexiona

✔ ¿Por qué son importantes los bienes y servicios?

✔ ¿Qué tipos de trabajos hacen las personas?

✔ ¿Por qué las personas compran y venden?

✔ ¿Cómo se hacen los bienes en una fábrica?

Muestra lo que sabes

★ Prueba de la Unidad 6

✎ Redacción: Escribir un cuento

🖊 Proyecto de la unidad: Un mercado del salón de clases

Unidad

6

En el mercado

Habla sobre
los mercados

"Puedes intercambiar dinero por bienes y servicios que quieras comprar".

ESTACIONAMIENTO PARA
CLIENTES DE PLAZA
SECCIÓN AMARILLA
LÍMITE 2 HORAS
9 A.M. – 6 P.M.
LUN. – SÁB.
SECCIÓN BLANCA
TODO EL DÍA
MERCADO DE PRODUCTOS
AGRÍCOLAS CERTIFICADO POR OJAI
DOMINGOS

"Las personas hacen muchos tipos de trabajos para ganar dinero".

"En las fábricas se hacen muchos bienes que compras".

265

vocabulario

bienes   Cosas que las personas hacen o cultivan para vender.

(página 276)

servicios   Tipos de trabajos que hacen las personas para los demás por dinero.

(página 278)

intercambiar Dar una cosa para recibir otra. (página 294)

mercado Un lugar donde las personas compran y venden bienes. (página 292)

fábrica Un edificio en el que las personas usan máquinas para hacer bienes. (página 300)

APRENDE
en línea

Visita **www.harcourtschool.com/hss** para hallar recursos en Internet para usar con esta unidad.

La lectura en los Estudios Sociales

Destreza clave
Recordar y contar

Mientras lees, haz una pausa para recordar y contar información.

- Recordar es acordarse de algo.
- Contar es decir algo en tus propias palabras.

Practica la destreza

Lee los párrafos.

Recordar

El Sr. Okada sale a trabajar todas las mañanas y no regresa en todo el día. Él puso este aviso en el periódico local.

SE BUSCA: Persona honesta, trabajadora para ayudar con labores caseras. Debe poder trabajar durante el día. También le deben gustar los perros.

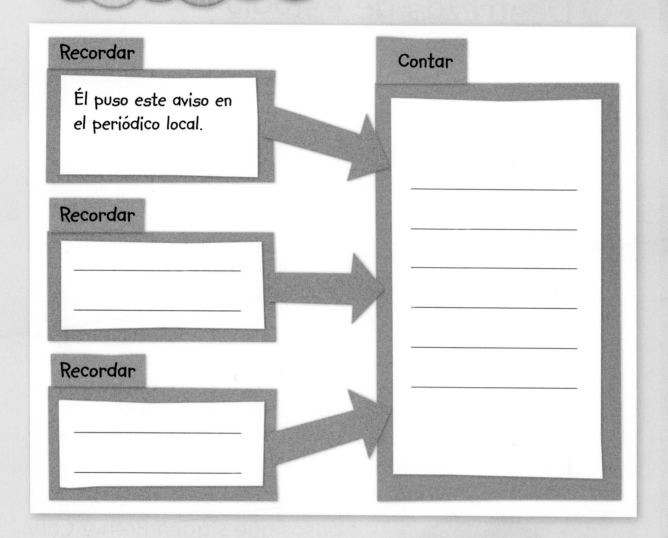

Recordar

Él puso este aviso en el periódico local.

Recordar

Recordar

Contar

Usa esta tabla para escribir los detalles que recuerdas de lo que acabas de leer. Luego, cuenta lo que leíste en tus propias palabras. Copia la tabla y complétala.

Aplica la destreza mientras lees

Mientras lees, haz una pausa para recordar y contar lo que leíste.

Destrezas de estudio

Conectar ideas

Un organigrama muestra los pasos que hay que seguir para que suceda algo. Puedes usar un organigrama para aprender sobre los pasos a seguir para hacer, vender y comprar cosas.

Practica la destreza

El organigrama de la siguiente página muestra los pasos que siguen Beth y Cary para hacer marcos para fotos y venderlos.

● Las casillas muestran qué sucede en cada paso.

● Las flechas te indican el orden en que suceden estas cosas.

270

Beth y Cary consiguen palitos, pegamento y cuentas.

Beth y Cary hacen los marcos.

Beth y Cary usan el dinero para comprar más materiales.

Beth y Cary venden los marcos por un dólar cada uno.

Lee el párrafo que escribió Beth. ¿Cómo te ayuda el organigrama a comprender lo que leíste?

Cary y yo queríamos hacer marcos para fotos y venderlos. Primero, conseguimos palitos, pegamento y cuentas. Después, Cary y yo hicimos los marcos. Luego, vendimos los marcos a nuestros amigos por un dólar cada uno. Por último, usamos el dinero para comprar más materiales y hacer más marcos.

Aplica la destreza mientras lees

Mientras lees, busca cosas que las personas compran y venden. Usa un organigrama para mostrar los pasos que siguen las personas para hacerlas y venderlas.

Canción del trabajo

por Gary Paulsen

ilustrado por Ruth Wright Paulsen

El trabajo

Es el ruido penetrante y las vistas desconcertantes, y

martillos bajo muchas luces brillantes,

y casas y árboles bajo los rayos solares alumbrantes,

y por la noche, camiones y camiones circulantes.

Es comida fresca
para los platos llenar,
lisas y limpias aceras
para jugar y patinar,
y altos edificios
que antes no estaban
allí, repentinamente
en el aire se elevan.

Es oficinas llenas de pantallas radiantes
y fabricantes de vigas de acero brillantes,
y barquillos de helado gigantes
y horquillas para tus cabellos aguantar.

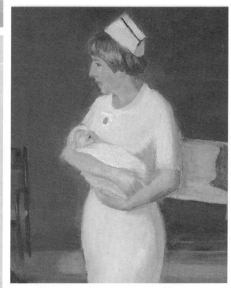

Es brazos gentiles que levantan y abrazan,
y todos los soldados osados y valientes,
y quienes a comprar zapatos te ayudan,
y manos que te muestran libros inteligentes.

Es las personas que vemos ir y venir,
quienes hacen cosas para compartir;
esas cosas que encuentras por doquier,
y casi todo lo que hay para ver.

274

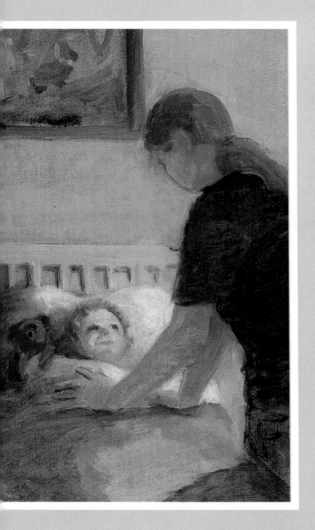

Y cuando el día termina y está calmado,

y todos los quehaceres han terminado,

en una silla descansan papá y mamá,

los ojos cansados y el cabello

    suelto está.

Descanso corto, gran amor,

    poca tensión,

descanso hasta la próxima canción.

Responde

1 ¿De qué tipos de trabajo trata este poema?

2 **Aplícalo** Escribe sobre un trabajo que te interese.

1

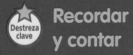

Bienes y servicios

Las comunidades tienen muchos trabajadores. Algunos trabajadores hacen bienes. Los **bienes** son cosas que las personas hacen o cultivan para vender.

Algunos trabajadores venden bienes. Las personas pueden comprar bienes en las tiendas. Las comunidades tienen muchos tipos de tiendas donde se venden muchos tipos de bienes.

Algunos trabajadores venden servicios. Los **servicios** son tipos de trabajo que hacen las personas para los demás por dinero. El **dinero** es lo que las personas usan para pagar por bienes y servicios. Usamos muchos tipos de servicios en la comunidad.

Cartero

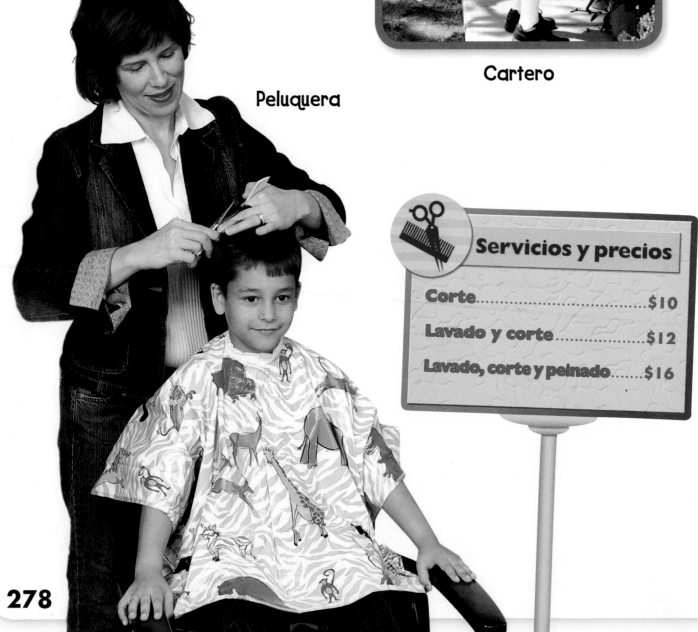

Peluquera

Servicios y precios

Corte.................................$10

Lavado y corte...................$12

Lavado, corte y peinado.......$16

Veterinaria

Chofer de autobús

Resumen Muchas personas trabajan vendiendo bienes o servicios. Las personas usan dinero para comprar bienes y servicios.

Repaso

1.  ¿Por qué son importantes los bienes y servicios?

2. **Vocabulario** ¿Qué es el **dinero**?

3. **Redacción** Escribe una oración sobre una ocasión en que usaste un servicio.

4. **Recordar y contar** ¿Dónde pueden comprar bienes las personas?

Leer un pictograma

◗ Por qué es importante

Un **pictograma** usa ilustraciones para mostrar cuántas cosas hay de algo.

◗ Lo que necesitas saber

El título te indica de qué trata un pictograma. La leyenda te indica qué representa cada ilustración. En esta gráfica, cada manzana representa una cesta de manzanas.

Observa cada hilera de izquierda a derecha. Cuenta para ver cuántas cestas de cada tipo de manzana se vendieron.

Practica la destreza

① Observa el pictograma. ¿De qué tipo de manzanas se vendieron más cestas?

② ¿Se vendieron más cestas de manzanas rojas o amarillas?

③ ¿De qué tipo de manzanas se vendieron menos cestas?

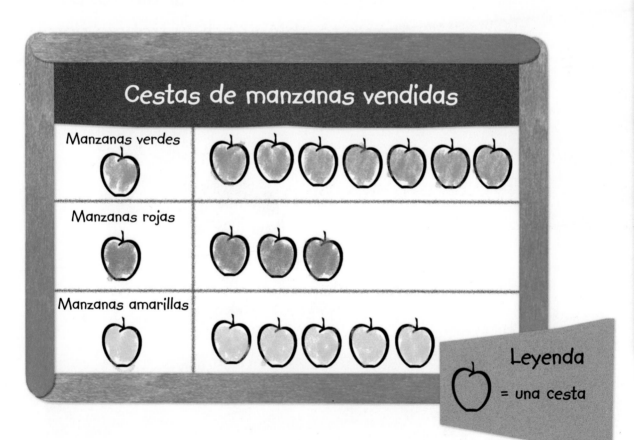

Cestas de manzanas vendidas

Manzanas verdes

Manzanas rojas

Manzanas amarillas

Leyenda

= una cesta

Aplica lo que aprendiste

Aplícalo Haz un pictograma. Muestra qué tipo de manzanas les gusta más a la mayoría de los niños de tu clase.

Trabajos que hacen las personas

Reflexiona
¿Qué tipos de trabajos hacen las personas?

✔ Las personas trabajan para ganar dinero.

✔ Un voluntario trabaja sin cobrar salario.

Vocabulario
trabajo
negocio
voluntario

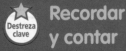
Recordar y contar

Normas de California
HSS 1.6, 1.6.2

La Sra. Brown tiene un trabajo en su comunidad. Un **trabajo** es lo que hace una persona para ganar dinero. La Sra. Brown también hace su trabajo porque le gusta.

La Sra. Brown es dueña de un negocio. En un **negocio**, las personas venden bienes o servicios. El negocio de la Sra. Brown vende un servicio. Este servicio ayuda a las personas a conseguir trabajos.

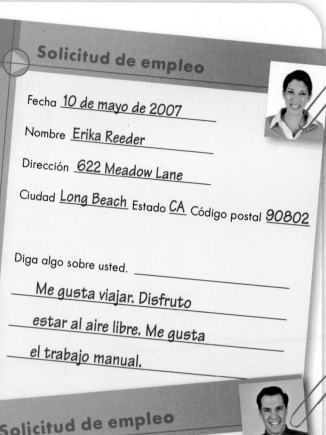

Solicitud de empleo

Fecha <u>10 de mayo de 2007</u>

Nombre <u>Erika Reeder</u>

Dirección <u>622 Meadow Lane</u>

Ciudad <u>Long Beach</u> Estado <u>CA</u> Código postal <u>90802</u>

Diga algo sobre usted. _____
<u>Me gusta viajar. Disfruto</u>
<u>estar al aire libre. Me gusta</u>
<u>el trabajo manual.</u>

Solicitud de empleo

Fecha <u>15 de mayo de 2007</u>

Nombre <u>Luis Fernández</u>

Dirección <u>1609 Ocean Blvd.</u>

Ciudad <u>Long Beach</u> Estado <u>CA</u> Código postal <u>90802</u>

Diga algo sobre usted. _____
<u>Soy muy creativo. Tengo muchas</u>
<u>ideas. Me gusta trabajar</u>
<u>con personas.</u>

283

Orden de compra

Número de cajas encargadas	Número de cajas recibidas	Costo por caja
200	200	$ 3.00

	Total de artículos	200
	Costo por artículo	$ 3.00
	Costo total	$ 600.00

Entregado por: _Erika Reeder_

Hay muchos tipos de trabajos. Muchas personas trabajan haciendo bienes y otras trabajan llevando bienes adonde se necesitan. La Sra. Brown ayudó a la Srta. Reeder a conseguir un trabajo de camionera para llevar bienes a las tiendas.

Muchas personas hacen trabajos que ayudan a vender bienes. La Sra. Brown le consiguió un trabajo al Sr. Fernández escribiendo anuncios. Sus anuncios indican por qué las personas deben comprar ciertos bienes.

Los niños en la historia

Addie Laird

Addie Laird era una niña que trabajaba en una fábrica. Muchos niños trabajaban en fábricas hace mucho tiempo. Trabajaban arduamente todo el día y las máquinas de la fábrica no eran seguras. Las personas quisieron cambiar la ley cuando vieron esta foto de Addie. Ahora, el trabajo de un niño es aprender en la escuela.

Algunas personas trabajan cuidando de sus casas y de las personas que viven allí. Muchas personas también trabajan para otros en sus propias casas. El Sr. Parker da clases de piano. La Sra. Brown lleva a su hija a la casa del Sr. Parker.

El sábado, la Sra. Brown le lleva comida a las personas que lo necesitan. Ese día, ella es una voluntaria. Un **voluntario** trabaja sin cobrar salario para ayudar a las personas.

Resumen Hay muchos tipos de trabajos que pueden hacer las personas para ganar dinero. Las personas también pueden servir como voluntarias para ayudar a los demás.

Repaso

1. ¿Qué tipos de trabajos hacen las personas?

2. **Vocabulario** ¿Qué tipo de **negocio** te gustaría tener?

3. **Actividad** Disfrázate para representar un trabajo que te gustaría hacer.

4. **Recordar y contar** ¿Qué hace la Sra. Brown para ganar dinero?

Integridad

Respeto

Responsabilidad

Equidad

Bondad

Patriotismo

La importancia del carácter

❓ **¿Cómo ayudó César Chávez a los trabajadores agrícolas a recibir un trato justo?**

César Chávez formó un grupo para ayudar a los trabajadores que ahora se llama Sindicato de Trabajadores Agrícolas de América.

César Chávez

César Chávez sabía cómo era la vida de un trabajador agrícola. Cuando era niño, él y su familia tuvieron que dejar su granja en Arizona. Tenían que viajar todo el tiempo para trabajar en los campos de los demás. César tuvo que cambiar de escuela muchas veces. El trabajo era arduo, trabajaban muchas horas y les pagaban poco. No trataban bien a los trabajadores. César Chávez se dio cuenta de que esto no era justo.

César Chávez hablaba por todas partes con las personas sobre los derechos de los trabajadores agrícolas. Las personas confiaban en él porque él mismo había sufrido el trato injusto cuando era trabajador agrícola.

En 1962, César Chávez formó un sindicato, o sea, un grupo de muchos trabajadores. El sindicato inició una huelga. En una huelga, las personas no trabajan hasta que los traten con equidad. Los trabajadores querían mejor salario y atención médica. César Chávez trabajó toda su vida para asegurarse de que se tratara con equidad a las personas."
... [mi] deseo [es] que me traten justamente y ver que se trate a mi gente como seres humanos..." * Dijo César Chávez.

* César Chávez, de un discurso en el Commonwealth Club de California en San Francisco, 9 de noviembre de 1984

APRENDE en línea

Visita MULTIMEDIA BIOGRAPHIES en www.harcourtschool.com/hss para hallar biografías multimedia.

Biografía breve

1927   1993

Fechas importantes

1962 Funda un sindicato de trabajadores agrícolas

1965 Dirige la huelga de uvas en Delano que dura cinco años

1992 El Sindicato de Trabajadores Agrícolas de América logra mejor salario para los trabajadores

1994 Su labor gana la Medalla de Honor después de su muerte

Puntos de vista

¿Qué opinas?

¿Quiénes son algunos trabajadores que tienen trabajos importantes?

Srta. Clark

"Los granjeros tienen un trabajo importante porque cultivan los alimentos que comemos".

Louis

"Los choferes de autobuses tienen un trabajo importante. Ayudan a las personas a llegar a tiempo al trabajo y la escuela".

Datos del pasado

Rosie la remachadora

"Rosie la remachadora" fue el nombre de una mujer que se usó en un cartel en la Segunda Guerra Mundial. Ella representó a todas las mujeres que ayudaron a Estados Unidos en la guerra.

Megan

"Los bibliotecarios tienen un trabajo importante. Me ayudan a encontrar libros que quiero leer".

Sr. Winslow

"Las personas del ejército tienen trabajos importantes. Trabajan para mantener a nuestro país fuera de peligro".

James

"Los trabajadores de sanidad tienen un trabajo importante. Se llevan la basura de nuestras casas y la ponen en un lugar seguro".

¡Lo podemos hacer!

DESTREZA DE ANÁLISIS

Es tu turno

- ¿Cuáles son algunos trabajos importantes de tu comunidad?
- ¿Qué trabajo te gustaría hacer?

291

Compradores y vendedores

Reflexiona
¿Por qué las personas compran y venden?

✓ Las personas intercambian dinero por bienes y servicios.

✓ Las personas pueden ser compradores, vendedores o ambos.

Vocabulario
mercado
intercambiar
ahorrar

Recordar y contar

Normas de California
HSS 1.6, 1.6.1

La comunidad de Amy tiene un mercado grande al aire libre. Un **mercado** es un lugar donde las personas compran y venden bienes.

Amy tiene dinero para gastar en el mercado. Ella va a comprar un regalo para su abuela. Amy se da cuenta que hay muchas opciones de qué comprar y dónde. Ella pensará en un regalo que le guste más a su abuela y también pensará en cuánto tiene para gastar.

El rincón de pinturas

Las flores de López

Los compradores intercambian con los vendedores para obtener los bienes y servicios que desean. Al **intercambiar**, las personas dan una cosa para recibir otra. Amy va a intercambiar parte de su dinero para obtener un regalo para su abuela.

Cómo se mueve el dinero

El dinero se mueve de una persona a otra a medida que las personas compran y venden bienes y servicios.

① Amy gana dinero vendiendo limonada.

② Amy compra un regalo del Sr. López.

③ El Sr. López le paga al Sr. Harris por arreglar su carro.

④ El Sr. Harris compra limonada.

Amy no gasta todo su dinero a la vez.
Ella gasta una parte, pero también ahorra
un poco. **Ahorrar** significa guardar un poco de
dinero para usarlo después. La mayoría de las
personas pone su dinero en un banco. Un banco
es un negocio que mantiene seguro el dinero.

Resumen Los compradores intercambian dinero por bienes y servicios con los vendedores. Las personas ahorran dinero para usarlo después.

Repaso

1. ¿Por qué las personas compran y venden?

2. **Vocabulario** ¿Qué hacen las personas en un **mercado**?

3. **Redacción** Haz una lista de compras. Di dónde irías a comprar los bienes de tu lista.

4. **Recordar y contar** ¿Por qué es Amy tanto una vendedora como una compradora?

297

Decidir cuando compras

◗ Por qué es importante

Algunas cosas son escasas. Cuando algo es **escaso**, significa que no hay suficiente para satisfacer los deseos de todos. Los **deseos** son cosas que les gustaría tener a las personas. Las personas no pueden comprar todo lo que desean y deben tomar decisiones.

◗ Lo que necesitas saber

Cuando tomas una decisión, renuncias a algunas cosas para obtener otras que deseas. Sigue estos pasos para tomar una buena decisión.

❶ Pregúntate si quieres esta cosa más que otras.

❷ Piensa en lo que tendrías que renunciar para tener esta cosa.

❸ Decide.

Practica la destreza

① Observa las ilustraciones. Piensa en lo que te gustaría comprar.

② Sigue los pasos para tomar una decisión.

③ Di qué decisión tomarías y por qué.

Aplica lo que aprendiste

DESTREZA DE ANÁLISIS **Aplícalo** Piensa en dos cosas que desearías tener. Di cómo decidirías entre las dos cosas.

Lección 4

Reflexiona

¿Cómo se hacen los bienes en una fábrica?

✓ En una fábrica se usan máquinas.

✓ En una fábrica trabajan muchas personas haciendo diferentes trabajos.

Vocabulario
fábrica

Recordar y contar
Destreza clave

Normas de California
HSS 1.6, 1.6.2

300

Trabajar en una fábrica

Usamos crayolas en la escuela y en la casa para dibujar. ¿Alguna vez te has preguntado cómo se hacen las crayolas?

Las crayolas se hacen en una fábrica. Una **fábrica** es un edificio en el que las personas usan máquinas para hacer bienes.

Fabricación

Muchas personas trabajan en una fábrica de crayolas. Los trabajadores hacen diferentes trabajos. Algunas personas trabajan en las oficinas para tomar pedidos o para administrar la fábrica. Otras trabajan para hacer las crayolas, empacarlas y enviarlas a las tiendas. Luego, los vendedores de las tiendas venden las crayolas.

Empaquetado

Transporte

301

Cómo se hacen las crayolas

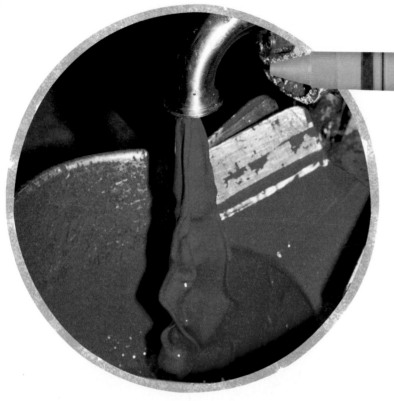

Paso 1

Primero, los trabajadores de la fábrica mezclan la cera caliente y derretida, y los colorantes. La cera les dará la forma a las crayolas. Los colorantes les darán sus colores.

Paso 2

Después, los trabajadores echan la cera de colores caliente en moldes para dar forma a las crayolas.

302

Paso 3

Luego, se enfrían los moldes con agua para que se endurezcan las crayolas.

Paso 4

Los trabajadores miran las crayolas después de que las sacan de los moldes para asegurarse de que las crayolas estén bien hechas.

Paso 5

En otra parte de la fábrica, los trabajadores usan máquinas para hacer rótulos y pegarlos a las crayolas.

Paso 6

Otros trabajadores ponen las crayolas en cajas de diferentes tamaños. Luego, las cajas se empaquetan y se llevan a las tiendas.

Las crayolas van a lugares de todo el mundo. Tus crayolas pasaron de la fábrica a una tienda y luego a tu escuela.

Cada crayola tiene un rótulo que indica su color. Estos rótulos se hacen en 12 lenguajes diferentes. ¿Por qué crees que los rótulos se hacen en tantos lenguajes diferentes?

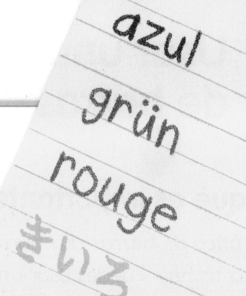

azul

grün

rouge

きいろ

Resumen Una fábrica es un edificio en el que muchas personas usan máquinas para hacer bienes. Las personas de una fábrica tienen diferentes trabajos.

Repaso

❶ 💡 ¿Cómo se hacen los bienes en una fábrica?

❷ **Vocabulario** ¿En qué se diferencia una **fábrica** de un mercado?

❸ 🖍 **Actividad** Inventa una máquina que hace una de las cosas que usas en el salón de clases. Luego, dibújala e identifica sus partes.

❹ ⭐ **Recordar y contar** ¿Cómo obtienen su forma las crayolas?

Usar una gráfica de barras

❱ Por qué es importante

Una **gráfica de barras** usa barras para mostrar cuántas cosas hay. Puedes usar una gráfica de barras para comparar números o cantidades de cosas.

❱ Lo que necesitas saber

El título dice lo que muestra la gráfica. Esta gráfica muestra cuántas cajas de crayolas se vendieron en diferentes tiendas.

Lee cada hilera de izquierda a derecha. Cada bloque representa una caja de crayolas. Cuenta los bloques para saber cuántas cajas se vendieron en cada tienda.

⟩ Practica la destreza

1 ¿Cuántas cajas vendió la tienda de la Sra. García?

2 ¿Qué tienda vendió más cajas?

3 ¿Quién vendió más cajas, la Srta. Lee o el Sr. Smith?

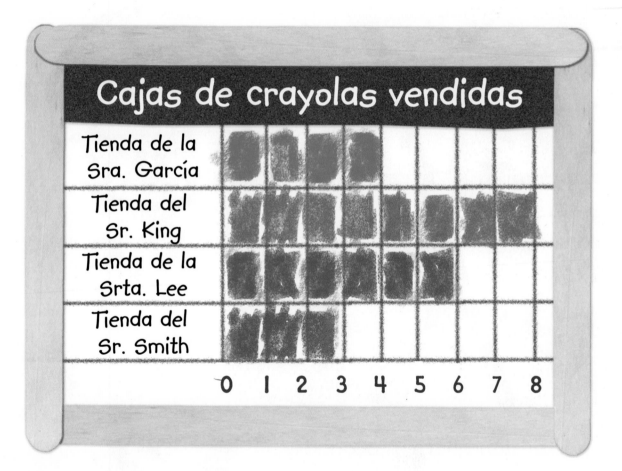

Cajas de crayolas vendidas

	0	1	2	3	4	5	6	7	8
Tienda de la Sra. García									
Tienda del Sr. King									
Tienda de la Srta. Lee									
Tienda del Sr. Smith									

⟩ Aplica lo que aprendiste

Aplícalo Haz una gráfica de barras para mostrar qué color de crayola les gusta más a los niños de tu salón de clases.

307

UNA TARDE

por Yumi Heo

A Minho le gustaba hacer mandados
con su mamá.
Una tarde, fueron a
la lavandería para dejar la ropa
y luego ir a la peluquería
para que su mamá se cortara el cabello.

308

En la heladería,
Minho pidió un barquillo de vainilla.
Vieron por la vidriera de la tienda
de mascotas los perritos, gatitos,
hámsters y pajaritos.

309

Recogieron los zapatos de su papá en la tienda donde se arreglan zapatos y compraron alimentos para la cena en el supermercado.

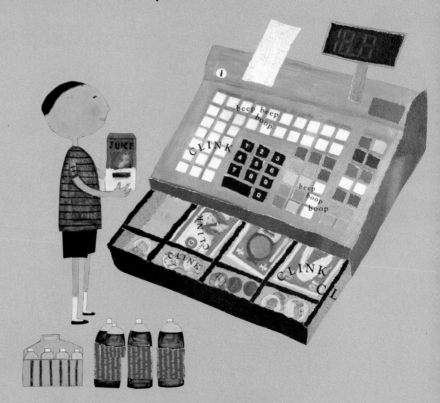

Por último, Minho y su mamá regresaron a la lavandería para recoger la ropa que habían dejado.

Había mucho tráfico en la calle
por una construcción.
Un camión de bomberos trató de pasar.
Por arriba pasaba "El Train".

Cerca del apartamento de Minho,
los niños jugaban pelota.
Minho y su mamá muy felices estaban
de regresar a la calma de su casa.

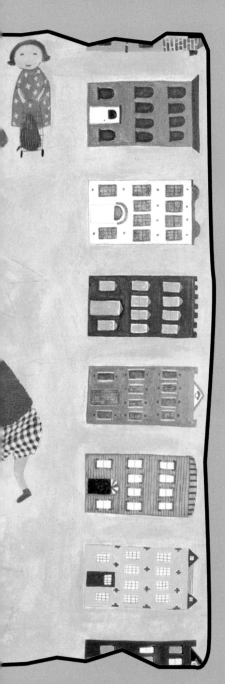

Minho cansado estaba
y dormido se quedó en el sofá.
Pero, desde el baño...
un ¡Plin!

Responde

1. ¿Qué servicios usaron Minho y su mamá?

2. **Aplícalo**   Escribe unas cuantas oraciones sobre los tipos de bienes y servicios que usa tu familia en la comunidad.

Las personas trabajan

Prepárate

En una comunidad, las personas tienen diferentes trabajos. Muchas personas trabajan en oficinas y otras trabajan al aire libre. Algunas personas usan uniformes para trabajar. Hay personas trabajando por todas partes.

Observa

Dentista

Tendero

Obrero

314

Profesora de ballet

Policía

Taxi

Taxista

Arquitecta

Un paseo virtual

APRENDE
en
línea

Visita VIRTUAL TOURS en
www.harcourtschool.com/hss
para realizar un paseo virtual.

315

Repaso

Los mercados Las personas intercambian bienes y servicios unas con otras. Toman decisiones sobre cómo gastar su dinero.

Recordar y contar

Recuerda las ideas importantes de esta unidad. Escríbelas en las casillas de Recordar de la tabla. Luego, cuenta lo que recuerdas sobre las ideas.

Recordar

Las personas hacen y venden bienes, y venden servicios.

Recordar

_____
_____

Recordar

_____
_____

Contar

_____
_____
_____
_____
_____

316

Usa el vocabulario

Escribe la palabra que corresponde con cada significado.

1. lugar donde las personas compran y venden bienes

2. edificio donde las personas usan máquinas para hacer bienes

3. cosas que hacen o cultivan las personas para vender

4. tipos de trabajo que hacen las personas para los demás por dinero

5. dar una cosa para obtener otra

bienes
(pág. 276)

servicios
(pág. 278)

mercado
(pág. 292)

intercambiar
(pág. 294)

fábrica
(pág. 300)

Recuerda los datos

6. ¿Dónde compran los bienes las personas de una comunidad?

7. ¿Qué usan las personas para pagar por los bienes y servicios?

8. ¿Por qué las personas hacen un trabajo?

9. ¿Cuál de estos es un bien?

   A corte de cabello   **C** lavar el carro

   B médico   **D** bicicleta

10. ¿Cuál de estos es un lugar donde las personas ponen su dinero para mantenerlo seguro?

   A banco   **C** fábrica

   B mercado   **D** negocio

Piensa críticamente

⑪ **DESTREZA DE ANÁLISIS** ¿Por qué ahorran dinero las personas?

⑫ **Aplícalo** ¿Cómo ayudan los voluntarios a las personas de tu comunidad?

Aplica las destrezas

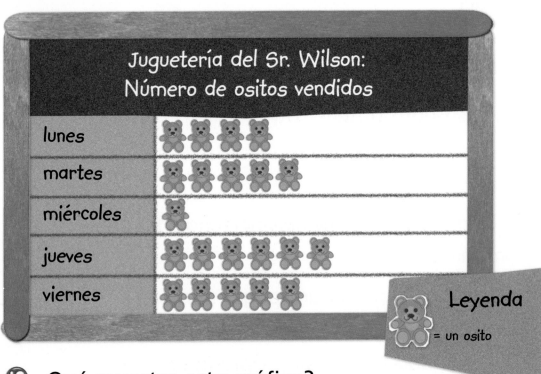

Juguetería del Sr. Wilson: Número de ositos vendidos

lunes	🧸🧸🧸🧸
martes	🧸🧸🧸🧸🧸
miércoles	🧸
jueves	🧸🧸🧸🧸🧸🧸
viernes	🧸🧸🧸🧸🧸

Leyenda
🧸 = un osito

⑬ ¿Qué muestra esta gráfica?

⑭ ¿Cuántos ositos se vendieron el lunes?

⑮ ¿En qué dos días se vendieron el mismo número de ositos?

⑯ ¿En qué día se vendieron menos ositos?

Aplica las destrezas

Servicios de reparación de carros del Sr. Llanta

	0	1	2	3	4	5	6	7
Cambio de aceite								
Lavado de carro								
Reparación de llantas								
Frenos nuevos								

⑰ ¿Qué servicios presta el Sr. Llanta a las personas?

⑱ ¿Qué servicio necesitó más la mayoría de las personas?

⑲ ¿Cuántas personas llevaron sus carros al Sr. Llanta para un cambio de aceite?

⑳ ¿Cuántas personas necesitaban frenos nuevos?

Actividades

Muestra lo que sabes

Lecturas adicionales

Artesanías
por Jeri
Cipriano

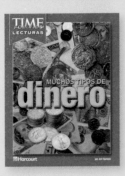

**Muchos tipos
de dinero**
por Jeri
Cipriano

**La Casa de
la Moneda**
por Susan
Ring

Actividad de redacción

Dinero Piensa en cómo usas
tu dinero.

Escribir un cuento Inventa un
cuento sobre alguien que debe
decidir cómo usar su dinero.

Proyecto de la unidad

**Un mercado del salón
de clases** Haz un mercado
para practicar cómo comprar y vender.

- Elige lo que vas a vender.
- Dibuja bienes o servicios y dinero.
- Vende los bienes o servicios para
  que puedas comprar otros.

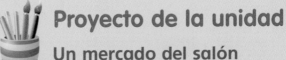

APRENDE
**en
línea**
Visita ACTIVITIES en
www.harcourtschool.com/hss
para hallar otras
actividades.

FRUTAS Y VEGETALES

320

Para tu referencia

ATLAS

MANUAL DE INVESTIGACIÓN

DICCIONARIO BIOGRÁFICO

GLOSARIO ILUSTRADO

ÍNDICE

OCÉANO ÁRTICO

AMÉRICA
DEL NORTE

OCÉANO
PACÍFICO

OCÉANO
ATLÁNTICO

Ecuador

AMÉRICA
DEL SUR

OCÉANO
PACÍFICO

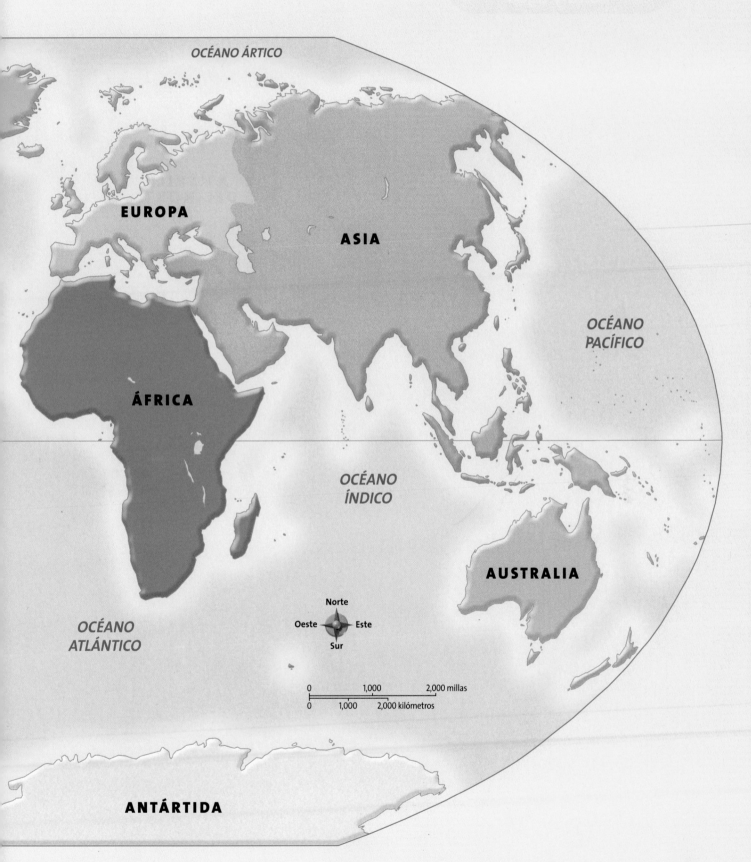

OCÉANO ÁRTICO

EUROPA

ASIA

ÁFRICA

OCÉANO
PACÍFICO

OCÉANO
ÍNDICO

AUSTRALIA

OCÉANO
ATLÁNTICO

Norte

Oeste   Este

Sur

0   1,000   2,000 millas
0   1,000   2,000 kilómetros

ANTÁRTIDA

R3

El mundo

Tierra y agua

OCÉANO ÁRTICO

AMÉRICA DEL NORTE

R. Mackenzie

Bahía de Hudson

R. Columbia

MONTAÑAS ROCOSAS

R. Missouri

Grandes Lagos

R. Colorado

R. Mississippi

R. Ohio

MTES. APALACHES

OCÉANO ATLÁNTICO

Golfo de México

Mar Caribe

OCÉANO PACÍFICO

Río Amazonas

AMÉRICA DEL SUR

CORDILLERA DE LOS ANDES

OCÉANO PACÍFICO

R4

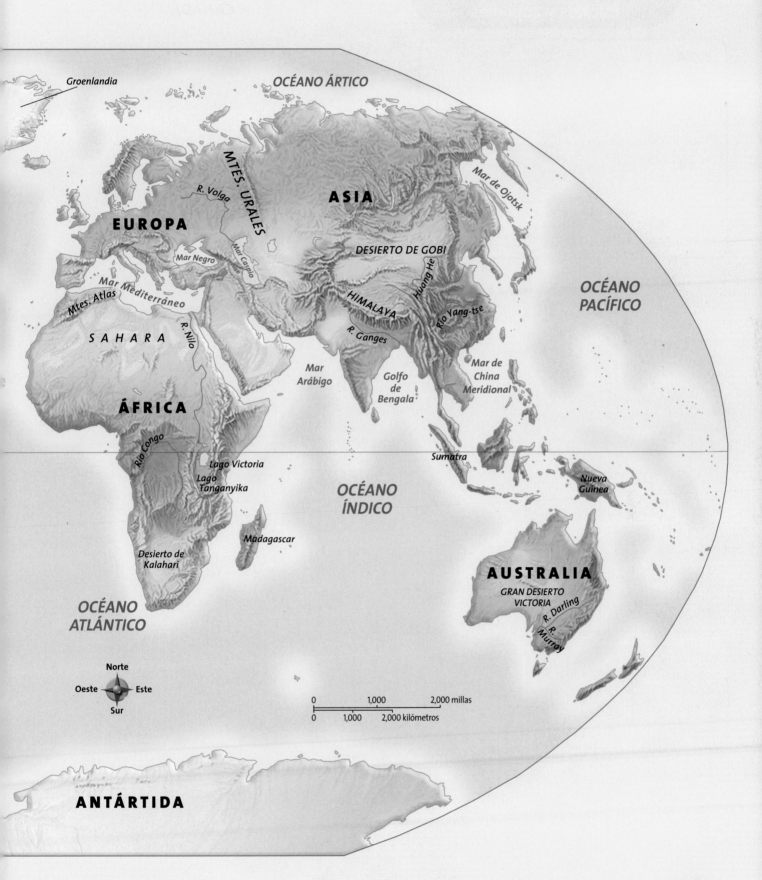

Groenlandia

OCÉANO ÁRTICO

MTES. URALES

R. Volga

ASIA

EUROPA

Mar de Ojotsk

DESIERTO DE GOBI

Mar Negro

Mar Caspio

Huang He

Mar Mediterráneo

HIMALAYA

Río Yang-tse

OCÉANO PACÍFICO

Mtes. Atlas

R. Nilo

SAHARA

R. Ganges

Mar Arábigo

Golfo de Bengala

Mar de China Meridional

ÁFRICA

Río Congo

Lago Victoria

Lago Tanganyika

Sumatra

Nueva Guinea

OCÉANO ÍNDICO

Madagascar

Desierto de Kalahari

AUSTRALIA

GRAN DESIERTO VICTORIA

R. Darling

R. Murray

OCÉANO ATLÁNTICO

Norte

Oeste   Este

Sur

0   1,000   2,000 millas

0   1,000   2,000 kilómetros

ANTÁRTIDA

R5

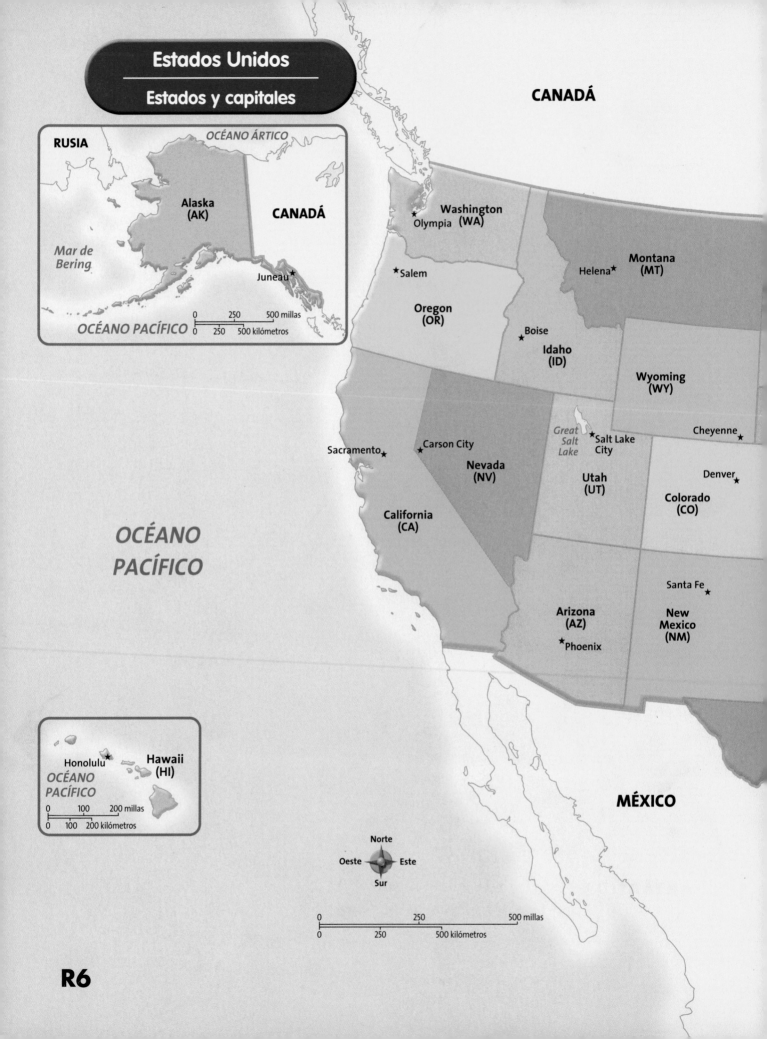

Estados Unidos
Estados y capitales

CANADÁ

RUSIA

OCÉANO ÁRTICO

Alaska
(AK)

CANADÁ

Mar de Bering

Juneau ★

OCÉANO PACÍFICO

0   250   500 millas
0   250   500 kilómetros

★ Olympia   Washington
(WA)

Montana
(MT)
Helena ★

★ Salem

Oregon
(OR)

Boise ★
Idaho
(ID)

Wyoming
(WY)

Great Salt Lake

★ Salt Lake City
Cheyenne ★

Sacramento ★   ★ Carson City

Nevada
(NV)

Utah
(UT)

Denver ★

Colorado
(CO)

OCÉANO PACÍFICO

California
(CA)

Santa Fe ★

Arizona
(AZ)

New Mexico
(NM)

★ Phoenix

Honolulu ★   Hawaii
(HI)

OCÉANO PACÍFICO

0   100   200 millas
0   100   200 kilómetros

MÉXICO

Norte
Oeste   Este
Sur

0   250   500 millas
0   250   500 kilómetros

CANADÁ

Lago Superior

Lago Huron

Lago Michigan

Lago Ontario

Lago Erie

North Dakota (ND)
★ Bismarck

Minnesota (MN)
St. Paul ★

Wisconsin (WI)
Madison ★

(MI)
Lansing ★

South Dakota (SD)
★ Pierre

Iowa (IA)
★ Des Moines

Nebraska (NE)
Lincoln ★

Illinois (IL)
Springfield ★

Indiana (IN)
Indianapolis ★

Ohio (OH)
Columbus ★

Pennsylvania (PA)
Harrisburg ★

Maine (ME)
Augusta ★

Vermont (VT)
Montpelier

New Hampshire (NH)
Concord ★

New York (NY)
Albany ★

Boston

Massachusetts (MA)
★ Providence

Hartford ★

Rhode Island (RI)

Connecticut (CT)

Trenton ★

New Jersey (NJ)

Dover ★
Delaware (DE)

Annapolis ★

Washington, ⊛ D.C.
Maryland (MD)

West Virginia (WV)
Charleston ★

Richmond ★
Virginia (VA)

Kansas (KS)
Topeka ★

Missouri (MO)
Jefferson City ★

Kentucky (KY)
Frankfort ★

North Carolina (NC)
Raleigh ★

Oklahoma (OK)
Oklahoma City ★

Arkansas (AR)
Little Rock ★

Nashville ★
Tennessee (TN)

Columbia ★
South Carolina (SC)

Atlanta ★

Georgia (GA)

Mississippi (MS)
Jackson ★

Alabama (AL)
Montgomery ★

Texas (TX)
Austin ★

Louisiana (LA)
Baton Rouge ★

Tallahassee ★

Florida (FL)

OCÉANO ATLÁNTICO

BAHAMAS

Golfo de México

CUBA

R7

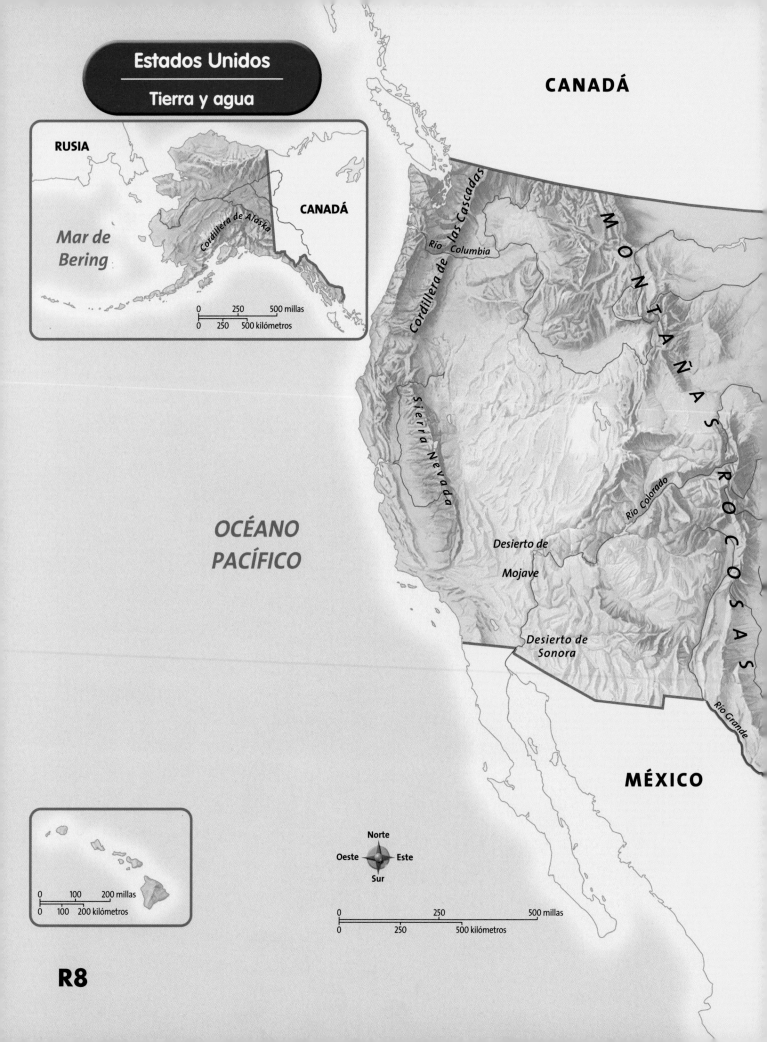

Estados Unidos
Tierra y agua

RUSIA

CANADÁ

Mar de Bering

Cordillera de Alaska

0   250   500 millas
0   250   500 kilómetros

CANADÁ

M O N T A Ñ A S   R O C O S A S

Cordillera de las Cascadas

Río Columbia

Sierra Nevada

Río Colorado

Desierto de Mojave

Desierto de Sonora

Río Grande

OCÉANO PACÍFICO

MÉXICO

0   100   200 millas
0   100   200 kilómetros

Norte
Oeste   Este
Sur

0   250   500 millas
0   250   500 kilómetros

R8

CANADÁ

Lago Superior

Lago Huron

Lago Michigan

Lago Ontario

Lago Erie

G R A N D E S   L L A N U R A S

Río Missouri

Río Mississippi

L L A N U R A S   D E L
I N T E R I O R

Río Missouri

Río Ohio

Río Mississippi

M O N T E S   A P A L A C H E S

OCÉANO
ATLÁNTICO

L L A N U R A   C O S T E R A

Río Grande

BAHAMAS

Golfo de
México

Estrecho de Florida

CUBA

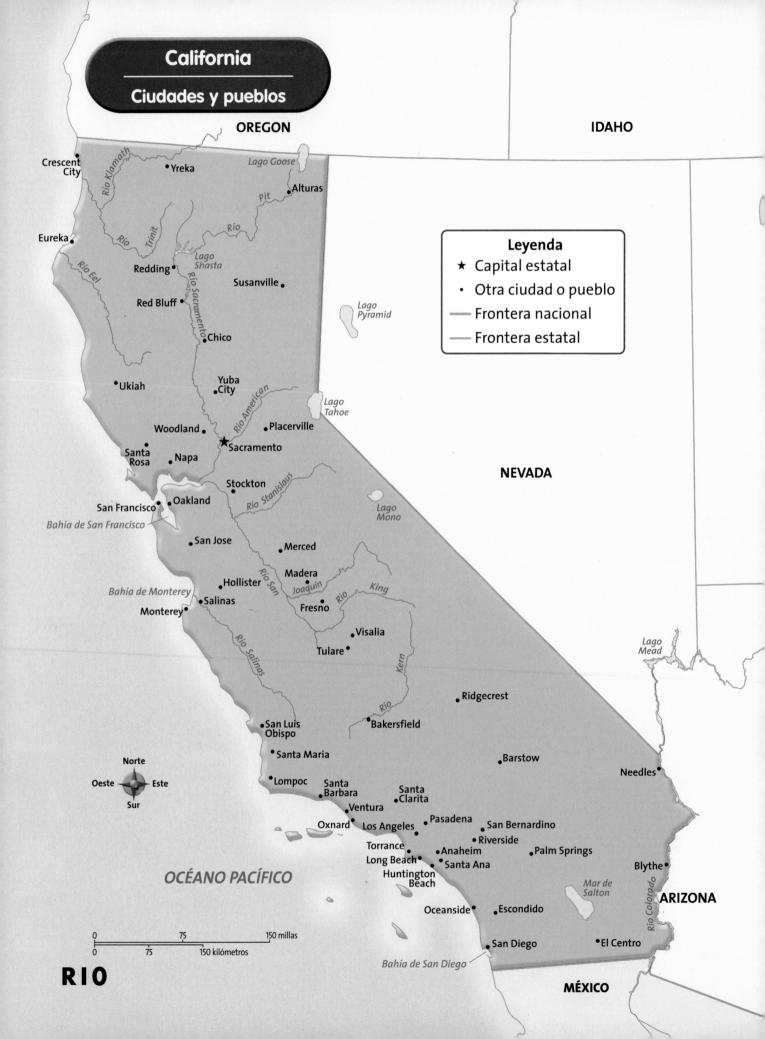

California
Ciudades y pueblos

OREGON

IDAHO

Crescent City

• Yreka

Lago Goose

• Alturas

Río Klamath

Pit

Río Trinit

Río

Eureka•

Río Eel

Redding•

Lago Shasta

Río Sacramento

Red Bluff•

Susanville•

• Chico

Lago Pyramid

Leyenda
★ Capital estatal
• Otra ciudad o pueblo
— Frontera nacional
— Frontera estatal

•Ukiah

Yuba City•

Woodland•

Río American

Placerville•

Lago Tahoe

Santa Rosa•

• Napa

★ Sacramento

Stockton•

Río Stanislaus

NEVADA

San Francisco•

•Oakland

Bahía de San Francisco

•San Jose

• Merced

Lago Mono

•Hollister

Madera•

Río San Joaquín

Bahía de Monterey

•Salinas

Fresno•

Río King

Monterey•

Tulare• • Visalia

Río Salinas

Lago Mead

Río Kern

Ridgecrest•

San Luis Obispo•

Bakersfield•

•Santa Maria

Barstow•

Norte
Oeste — Este
Sur

•Lompoc

Santa Barbara•

Santa Clarita•

Needles•

•Ventura

Oxnard• Los Angeles• Pasadena• San Bernardino•

Torrance• •Riverside

Long Beach• •Anaheim Palm Springs•

Huntington Beach •Santa Ana

Blythe•

OCÉANO PACÍFICO

Río Colorado

Mar de Salton

ARIZONA

Oceanside• Escondido•

| 0 | 75 | 150 millas |
| 0 | 75 | 150 kilómetros |

•San Diego

•El Centro

RIO

Bahía de San Diego

MÉXICO

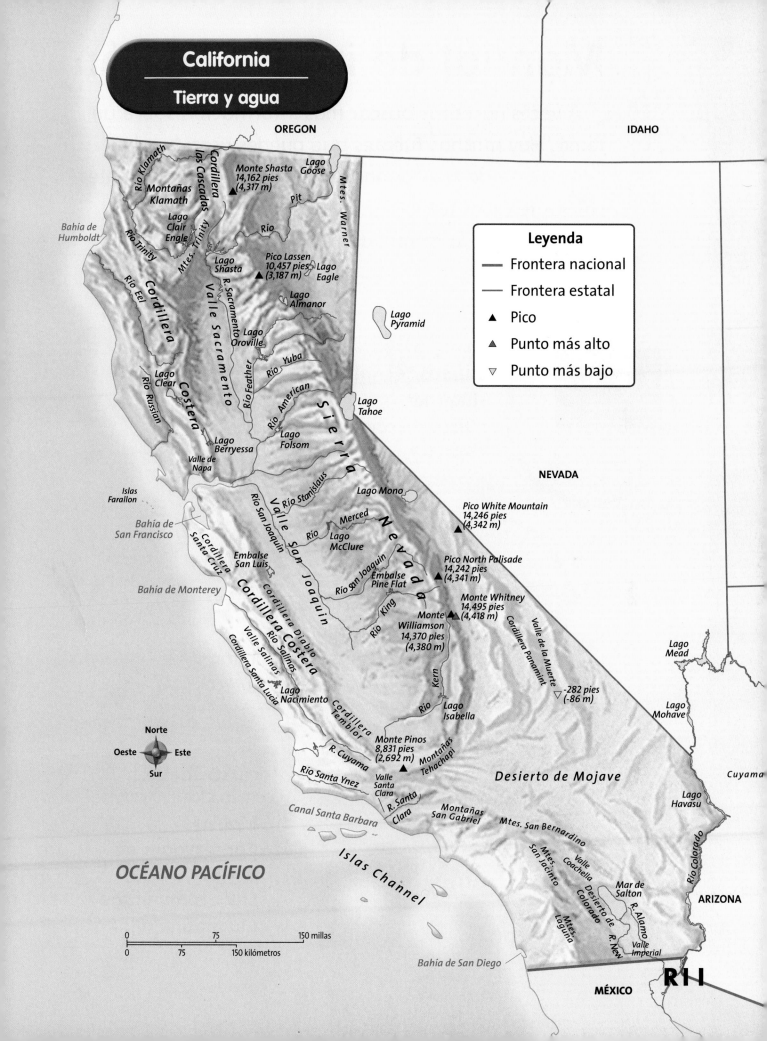

California

Tierra y agua

OREGON

IDAHO

Río Klamath

Cordillera las Cascadas

Montañas Klamath

Monte Shasta
14,162 pies
(4,317 m) ▲

Lago Goose

Mtes. Warner

Pit

Río

Bahía de Humboldt

Lago Clair Engle

Río Trinity

Mtes. Trinity

Lago Shasta

R. Sacramento

Pico Lassen
10,457 pies
(3,187 m) ▲

Lago Eagle

Lago Almanor

Cordillera Costera

Río Eel

Valle Sacramento

Lago Oroville

Lago Pyramid

Río Russian

Lago Clear

Río Feather

Río Yuba

Río American

NEVADA

Lago Berryessa

Valle de Napa

Lago Folsom

Sierra

Lago Tahoe

Leyenda

── Frontera nacional

── Frontera estatal

▲ Pico

▲ Punto más alto

▽ Punto más bajo

Islas Farallon

Bahía de San Francisco

Cordillera Santa Cruz

Río Stanislaus

Valle San Joaquín

Río San Joaquín

Merced

Río

Lago McClure

Nevada

Lago Mono

Pico White Mountain
14,246 pies
(4,342 m) ▲

Bahía de Monterey

Embalse San Luis

Cordillera Diablo

Río San Joaquín

Embalse Pine Flat

Pico North Palisade
14,242 pies
(4,341 m) ▲

Cordillera Costera

King

Río

Monte Whitney
14,495 pies
(4,418 m) ▲▲

Cordillera Panamint

Lago Mead

Cordillera Santa Lucía

Valle Salinas

Río Salinas

Monte Williamson
14,370 pies
(4,380 m) ▲

Valle de la Muerte

Lago Mohave

Lago Nacimiento

Cordillera Temblor

Kern

Río

Lago Isabella

▽ -282 pies
(-86 m)

Norte

Oeste   Este

Sur

R. Cuyama

Monte Pinos
8,831 pies
(2,692 m) ▲

Montañas Tehachapi

Cuyama

Río Santa Ynez

Valle Santa Clara

Desierto de Mojave

Lago Havasu

Canal Santa Barbara

R. Santa Clara

Montañas San Gabriel

Mtes. San Bernardino

Valle Coachella

Río Colorado

OCÉANO PACÍFICO

Islas Channel

Mtes. San Jacinto

Desierto de Colorado

Mar de Salton

R. Alamo

ARIZONA

Mtes. Laguna

R. New

Valle Imperial

Bahía de San Diego

R11

MÉXICO

0   75   150 millas

0   75   150 kilómetros

Manual de investigación

A veces necesitas buscar más información sobre un tema. Hay muchas fuentes que puedes usar. Puedes hallar parte de la información en tu libro. Otras fuentes son los recursos tecnológicos, los recursos impresos y los recursos de la comunidad.

Recursos tecnológicos
- Internet
- Disco de computadora
- Televisión o radio

Recursos impresos
- Atlas
- Diccionario
- Enciclopedia
- Libro de no ficción
- Revista o periódico

Recursos de la comunidad
- Maestro
- Conservador de museo
- Líder comunitario
- Ciudadano adulto

Recursos tecnológicos

Los principales recursos tecnológicos que puedes usar son: Internet y discos de computadora. La televisión o la radio también pueden ser buenas fuentes de información.

El uso de Internet

La información en Internet siempre está cambiando. Algunas páginas web tienen errores. Asegúrate de usar una página confiable.

❯ Cómo hallar información

- Escribe las palabras clave que vas a buscar. Asegúrate de deletrear las palabras correctamente.

- Usa un ratón y un teclado para buscar información.

- Con la ayuda de un maestro, un padre o un niño mayor, busca la fuente que quieras usar para la investigación.

- Teclea las palabras clave.

- Lee cuidadosamente y toma apuntes.

- Si tu computadora está conectada a una impresora, puedes imprimir una copia.

Recursos impresos

Los libros de las bibliotecas están colocados en un orden especial. Cada libro tiene una cifra de clasificación. La cifra de clasificación te dice dónde debes buscar el libro.

Algunos libros, como las enciclopedias, las revistas y los periódicos, están en un lugar aparte. Los bibliotecarios pueden ayudarte a buscar lo que necesitas.

❯ Atlas

Un atlas es un libro de mapas. Algunos atlas muestran diferentes lugares en diferentes épocas.

❯ Diccionario

Un diccionario provee la ortografía correcta de las palabras. Te dice lo que significan las palabras, es decir, su definición. Algunos diccionarios dan la pronunciación de las palabras, o sea, cómo decirlas en voz alta. Las palabras de un diccionario están en orden alfabético. Las palabras guía al principio de las páginas te ayudan a hallar la palabra.

dic-cio-na-rio s.m. [pl. diccionarios] Un libro de consulta que recoge las palabras en orden alfabético. Da información sobre las palabras, incluso su significado y pronunciación.

Enciclopedia

Una enciclopedia es un libro o un conjunto de libros que provee información acerca de muchos temas diferentes. Los temas se recogen en orden alfabético. Una enciclopedia es un buen sitio para comenzar a buscar información. También puedes hallar enciclopedias en tu computadora.

Libros de no ficción

Un libro de no ficción provee datos acerca de personas, lugares y cosas reales. Los libros de no ficción de la biblioteca están agrupados según el tema. Cada tema tiene un número de clasificación diferente. Busca en un fichero o en un catálogo computarizado para hallar un número de clasificación. Puedes buscar títulos, autores o temas.

Revistas y periódicos

Las revistas y los periódicos se imprimen cada día, semana o mes. Son buenas fuentes de información actualizada. Muchas bibliotecas tienen guías que presentan los artículos organizados por temas. Dos guías son: la Guía de revistas infantiles y la Guía para lectores de la literatura periódica.

Recursos de la comunidad

A menudo, las personas de tu comunidad te pueden proveer la información que necesitas. Puedes conseguir datos, opiniones o puntos de vista haciendo buenas preguntas. Antes de hablar con alguien, siempre pide permiso a un maestro o a uno de tus papás.

Escuchar para hallar información

❱ Antes

- Piensa en la información que necesitas.
- Decide con quién vas a hablar.
- Haz una lista de preguntas útiles.

❱ Durante

- Habla claramente y en voz alta.
- Escucha cuidadosamente. Se te pueden ocurrir otras preguntas que quisieras hacer.
- Sé cortés. No interrumpas o discutas.
  - Toma notas para que luego puedas recordar las ideas.
  - Escribe o graba las palabras exactas de la persona, para que puedas citarlas más adelante. Pídele permiso para citar sus palabras.
  - Posteriormente, escribe una carta de agradecimiento.

Escribir para obtener información

También puedes escribir a las personas de tu comunidad para recopilar información. Puedes escribirles un correo electrónico o una carta. Recuerda estos pasos cuando escribas:

- Escribe con letra clara o usa una computadora.

- Di quién eres y por qué escribes. Expresa claramente lo que quieres saber.

- Verifica con cuidado la ortografía y la puntuación.

- Si escribes una carta, dentro del sobre, incluye otro sobre que tenga tu dirección y los sellos adecuados de correo para que la persona te envíe su respuesta.

- Agradece a la persona.

Diccionario biográfico

Este Diccionario biográfico da información sobre muchos de los personajes importantes que se presentan en este libro. Los nombres están en orden alfabético (ABC) por el apellido. Después del nombre está la fecha de nacimiento y muerte de la persona. Si aún está viva, solo se da el año de nacimiento. El número de página indica dónde se presenta la información principal de cada personaje.

Adams, **John** (1735–1826) Segundo presidente de Estados Unidos. También sirvió dos períodos como primer vicepresidente de Estados Unidos. pág. 130

Esopo Narrador griego. Contaba fábulas que hoy en día todavía disfrutan los niños. pág. 38

Bellamy, **Francis** (1855–1931) Escritor del Juramento a la bandera. pág. 110

Burns, **Julia Pfeiffer** (1868–1928) Pionera del área de Big Sur de California. pág. 139

Carson, **Rachel** (1907–1964) Escritora americana. Sus libros animaron a muchas personas a cuidar más la naturaleza. pág. 78

Chávez, **César** (1927–1993) Líder sindical. Unificó a muchos trabajadores agrícolas para demandar un trato más justo. pág. 288

Cigrand, **Bernard** (1866–1932) Maestro y dentista. Se conoce como el fundador del Día de la Bandera. pág. 118

Coleman, **Bessie** (1892–1926) Piloto afroamericana. pág. 182

Confucio (551 a.C. – 479 a.C.) Maestro y filósofo más famoso de China. Su objetivo personal era promover la paz. pág. 31

Fong, **Heather** (1956–) Jefa de la policía de San Francisco, California. Primera mujer asiática americana en dirigir un departamento de policía de una ciudad grande. pág. 37

Key, **Francis Scott** (1779– 1843) Abogado y poeta que escribió la letra de "La bandera adornada de estrellas". pág. 109

King, **Dr. Martin Luther**, **Jr.** (1929–1968) Pastor y líder afroamericano. Trabajó para que todos los americanos tuvieran derechos civiles. págs. 114, 138

Marshall, **James** (1810– 1885) Primera persona en hallar oro en California lo que condujo a la fiebre del oro en 1849. pág. 84

Parker, **George S.** (1867–1953) Uno de los fundadores de una compañía que todavía fabrica juegos populares en el presente. Publicó su primer juego cuando tenía 16 años de edad. pág. 162

Reagan, **Ronald** (1911– 2004) Cuadragésimo presidente de Estados Unidos y ex gobernador de California. pág. 139

Sacagawea (alrededor de 1786–1812) Mujer india americana que ayudó a Lewis y Clark a explorar partes de Estados Unidos. pág. 234

Washington, **George** (1732– 1799) Primer presidente de Estados Unidos. Se conoce como "el padre de nuestro país". pág. 28

Weaver, **Robert C.** (1907–1997) Primer afroamericano en servir en el gabinete de Estados Unidos. pág. 224

Glosario ilustrado

Este glosario ilustrado contiene palabras importantes y sus definiciones. Están listadas en orden alfabético (ABC). Las ilustraciones te ayudan a comprender el significado de las palabras. El número de página al final de la definición, indica dónde se usa la palabra por primera vez.

A

ahorrar

Guardar un poco de dinero para usarlo después. (página 296)

ayer

El día antes de hoy. (página 116)

alcalde

El líder de una ciudad. (página 23)

B

bandera

Una pieza de tela con colores y figuras que representan cosas. (página 106)

bienes

Cosas que las personas hacen o cultivan para vender. (página 276)

calendario

Un cuadro que muestra el tiempo. (página 116)

boleta electoral

Una papeleta que muestra todas las opciones para votar. (página 26)

cambiar

Convertirse en algo diferente. (página 158)

buena conducta deportiva

Jugar con equidad. (página 34)

celebración

Un tiempo para estar feliz por algo especial. (página 250)

ciudad

Una comunidad grande. (página 23)

colonizador

Una persona que establece su hogar en un lugar nuevo. (página 126)

ciudadano

Una persona que vive en una comunidad y pertenece a ella. (página 18)

compartir

Usar algo con los demás. (página 34)

colonia

Un territorio gobernado por otro país. (página 127)

comunicación

Compartir ideas y sentimientos. (página 188)

comunidad

Un grupo de personas que viven y trabajan juntas. También es el lugar donde viven. (página 18)

cuento tradicional

Una historia que se transmite de persona a persona. (página 244)

continente

Un gran área de tierra. (página 62)

cultura

La forma de vida de un grupo. (página 220)

costumbre

La manera en que un grupo hace algo. (página 251)

D

derecho

Algo que tenemos la libertad de hacer. (página 32)

deseos

Cosas que les gustaría tener a las personas. (página 298)

dinero

Lo que usan las personas para pagar por bienes y servicios. (página 278)

día de fiesta nacional

Un día que honra a una persona o evento importante para nuestro país. (página 113)

direcciones

Señalan el camino hacia los lugares. (página 76)

diagrama

Una ilustración que muestra las partes de algo. (página 124)

director

El líder de una escuela. (página 14)

E

escaso

Cuando no hay suficiente para satisfacer los deseos de todos. (página 298)

estación

Una época del año. (página 81)

estado

Una parte de un país. (página 59)

F

fábrica

Un edificio en el que las personas usan máquinas para hacer bienes. (página 300)

ficción

Historias que son inventadas. (página 180)

frontera

El lugar donde termina un estado o un país. (página 60)

GLOSARIO ILUSTRADO

R25

futuro

El tiempo que viene.
(página 169)

gráfica de barras

Una gráfica que usa
barras para mostrar
cuánto o qué cantidad
hay. (página 306)

 G

globo terráqueo

Un modelo de la Tierra.
(página 62)

granja

Un lugar donde se
cultivan plantas y se crían
animales. (página 72)

gobierno

Un grupo de personas
que dirigen una
comunidad. (página 24)

grupo

Un número de personas
que trabajan juntas.
(página 22)

Hecho: La Campana de la Libertad se rompió en 1835.

hecho

Algo que es verdadero y no es inventado. (página 180)

historia

El relato de lo que sucedió en el pasado. (página 228)

héroe

Una persona que hace algo valiente o importante para ayudar a los demás. (página 112)

hoy

Significa este día. (página 116)

herramienta

Algo que usamos para hacer un trabajo. (página 160)

I

inmigrante

Una persona de otra parte del mundo que llega a vivir a este país. (página 236)

intercambiar

Dar una cosa para recibir otra.
(página 294)

lenguaje

La manera de hablar de una persona.
(página 229)

juramento

Un tipo de promesa.
(página 108)

ley

Una regla que deben obedecer las personas de una comunidad.
(página 19)

justo

Actuar de una manera correcta y honesta.
(página 15)

leyenda del mapa

Muestra qué representa cada símbolo en un mapa. (página 68)

libertad

El derecho que tienen las personas de tomar sus propias decisiones. (página 129)

lugar histórico

Un símbolo que es un lugar que pueden visitar las personas. (página 122)

líder

Una persona que está encargada de un grupo. (página 22)

maestro

Una persona que dirige la clase. (página 12)

línea cronológica

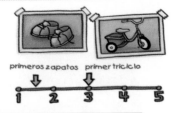

primeros zapatos   primer triciclo

1   2   3   4   5

Una línea que muestra el orden en el que sucedieron las cosas. (página 170)

mañana

NOVIEMBRE

El día después de hoy. (página 116)

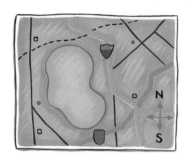

mapa

Un dibujo que muestra ubicaciones.
(página 58)

negocio

La venta de bienes o servicios. (página 283)

mercado

Un lugar donde las personas compran y venden bienes.
(página 292)

no ficción

Historias sobre cosas reales. (página 180)

mundo

Todas las personas y los lugares de la Tierra.
(página 236)

océano

Una masa grande de agua. (página 62)

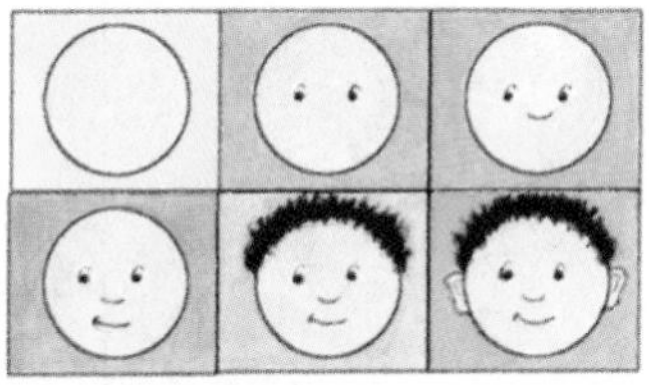

organigrama

Una tabla que muestra los pasos necesarios para hacer algo. (página 232)

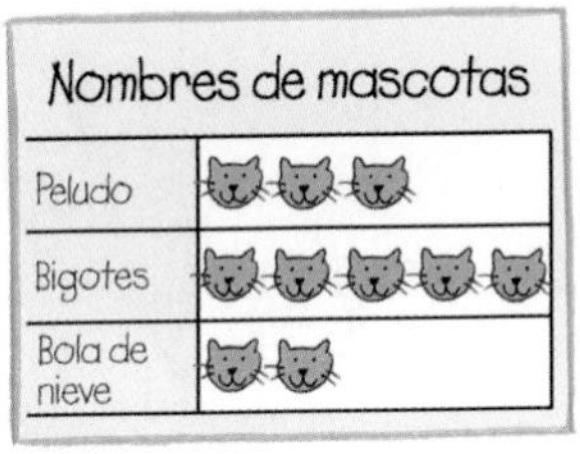

pictograma

Una gráfica que usa ilustraciones para mostrar cuánto hay de algo. (página 280)

P

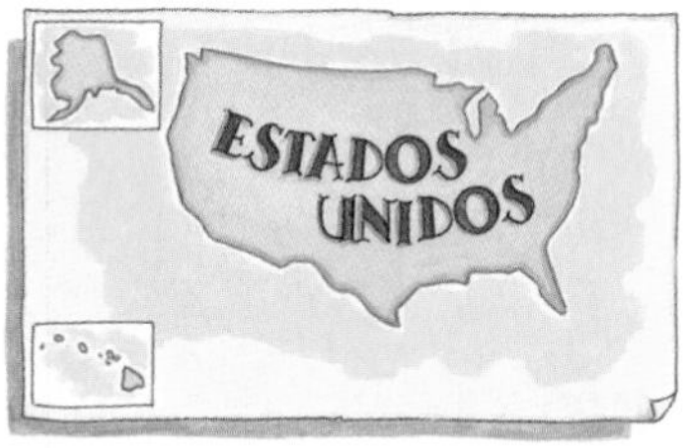

país

Un área de terreno con sus propios habitantes y leyes. (página 60)

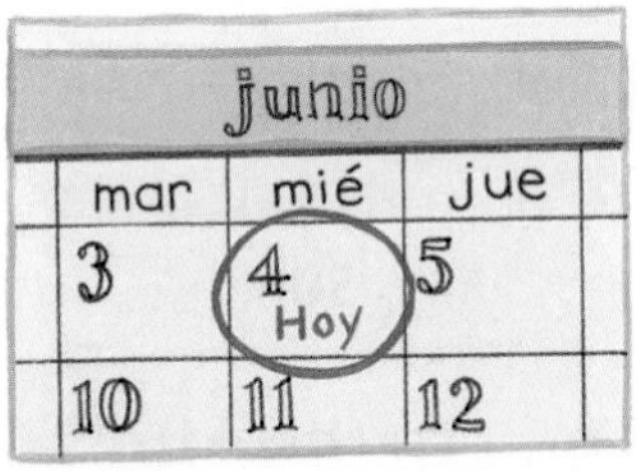

presente

El tiempo actual. (página 167)

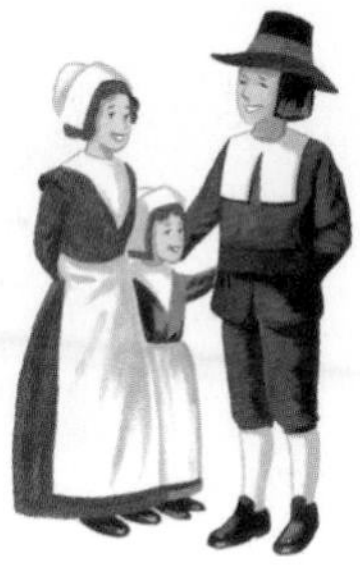

pasado

El tiempo antes del actual. (página 166)

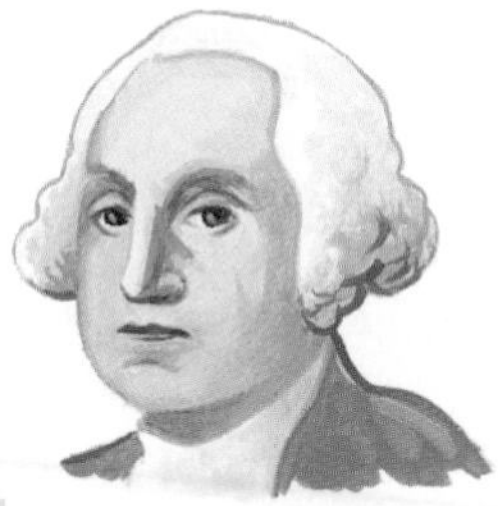

presidente

El líder de Estados Unidos. (página 26)

problema
Algo difícil de resolver o arreglar. (página 16)

recurso
Es todo lo que podemos usar. (página 71)

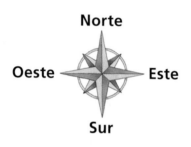

puntos cardinales
Las cuatro direcciones principales. (página 76)

regla
Una instrucción que nos dice cómo debemos actuar. (página 12)

 R

recreación
Lo que hacen las personas para divertirse. (página 83)

religión
La creencia en un dios o dioses. (página 247)

respeto

Tratar bien a alguien o algo. (página 30)

servicios

Tipos de trabajo que hacen las personas para los demás por dinero. (página 278)

responsabilidad

Algo que debemos hacer. (página 13)

símbolo

Una ilustración o un objeto que representa algo. (página 68)

ruta

Un camino a seguir para ir de un lugar a otro. (página 242)

solución

Es lo que hacemos para resolver un problema. (página 16)

tabla

Un cuadro que muestra cosas en grupos. (página 164)

Tierra

Nuestro planeta. (página 62)

tecnología

Todas las herramientas que usamos para facilitar nuestras vidas. (página 176)

trabajo

Es lo que hace una persona para ganar dinero. (página 282)

tiempo

Cómo se siente el aire afuera. (página 80)

tradición

Una manera especial de hacer algo que se pasa de padres a hijos. (página 222)

transporte

Cualquier manera de
llevar a las personas
o cosas de un lugar
a otro. (página 75)

vivienda

Una casa. (página 74)

ubicación

El lugar donde está
algo. (página 58)

voluntario

Una persona que
trabaja sin cobrar para
ayudar a las personas.
(página 287)

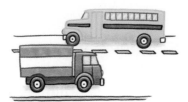

vecindario

Una parte de un
pueblo o una ciudad.
(página 64)

voto

Una decisión que se
cuenta. (página 26)

Índice

Este índice indica dónde se puede hallar información sobre personas, lugares y eventos en este libro. Las entradas están en orden alfabético. Cada entrada indica la página o las páginas donde puedes hallar el tema.

For permission to translate/reprint copyrighted material, grateful acknowledgment is made to the following sources:

Abilene Music: Lyrics from "What a Wonderful World" by George David Weiss and Bob Thiele. Lyrics copyright © 1967 by Range Road Music Inc. and Quartet Music Inc. Lyrics copyright renewed and assigned to Range Road Music Inc., Quartet Music Inc., and Abilene Music.

Atheneum Books for Young Readers, an imprint of Simon & Schuster Children's Publishing Division: Illustrations by Ashley Bryan from *What a Wonderful World* by George David Weiss and Bob Thiele. Illustrations copyright © 1995 by Ashley Bryan.

Chronicle Books LLC, San Francisco, CA: From *Amazing Aircraft* by Seymour Simon. Text copyright © 2002 by Seymour Simon.

Carla Golembe: Illustration by Carla Golembe from *How Night Came from the Sea*, retold by Mary-Joan Gerson. Illustration copyright © 1994 by Carla Golembe.

Groundwood Books Ltd.: Illustrations by Ian Wallace from *The Name of the Tree* by Celia Barker Lottridge. Illustrations copyright © 1989 by Ian Wallace.

Harcourt, Inc.: From *Sometimes* by Keith Baker. Copyright © 1999 by Harcourt, Inc. *Worksong* by Gary Paulsen, illustrated by Ruth Wright Paulsen. Text copyright © 1997 by Gary Paulsen; illustrations copyright © 1997 by Ruth Wright Paulsen.

HarperCollins Publishers: Cover and illustration by Kevin O'Malley from *Chanukah in Chelm* by David A. Adler. Illustrations copyright © 1997 by Kevin O'Malley. From *The Egyptian Cinderella* by Shirley Climo, illustrated by Ruth Heller. Text copyright © 1989 by Shirley Climo; illustrations copyright © 1989 by Ruth Heller. From *The Korean Cinderella* by Shirley Climo, illustrated by Ruth Heller. Text copyright © 1993 by Shirley Climo; illustrations copyright © 1993 by Ruth Heller. "Quilts" from *Cherry Pies and Lullabies* by Lynn Reiser. Copyright © 1998 by Lynn Whisnant Reiser.

Houghton Mifflin Company: Cover illustration by Lois and Louis Darling from *Silent Spring* by Rachel Carson. Illustration copyright © 1962 by Lois and Louis Darling.

Angela Johnson: From *Those Building Men* by Angela Johnson. Text copyright © 2001 by Angela Johnson.

Lee & Low Books, Inc., New York, NY 10016: "Children of Long Ago" (Part I and Part II) from *Children of Long Ago* by Leslie Jones Little, illustrated by Jan Spivey Gilchrist. Text copyright © 2000 by Weston W. Little, Sr. Estate; copyright © 1988 by Weston Little; illustrations copyright © 1988 by Jan Spivey Gilchrist.

Hal Leonard Corporation, on behalf of Quartet Music Inc.: Lyrics from "What a Wonderful World" by George David Weiss and Bob Thiele. Lyrics copyright © 1967 by Range Road Music Inc. and Quartet Music Inc. Lyrics copyright renewed and assigned to Range Road Music Inc., Quartet Music Inc., and Abilene Music.

Little, Brown and Company (Inc.): Cover illustration by Carla Golembe from *How Night Came from the Sea*, retold by Mary-Joan Gerson. Illustration copyright © 1994 by Carla Golembe.

Range Road Music Inc.: Lyrics from "What a Wonderful World" by George David Weiss and Bob Thiele. Lyrics copyright © 1967 by Range Road Music Inc. and Quartet Music Inc. Lyrics copyright renewed and assigned to Range Road Music Inc., Quartet Music Inc., and Abilene Music.

Scholastic Inc.: Cover and illustration from *One Grain of Rice: A Mathematical Folktale* by Demi. Copyright © 1997 by Demi. "Making Maps" by Elaine V. Emans and "Friendship's Rule" by M. Lucille Ford from *Poetry Place Anthology*. Text copyright © 1983 by Edgell Communications. Text and adapted illustrations from *One Afternoon* by Yumi Heo. Copyright © 1994 by Yumi Heo. Published by Orchard Books/Scholastic Inc. Illustrations by Barry Moser from *Those Building Men* by Angela Johnson. Illustrations copyright © 2001 by Barry Moser. Published by the Blue Sky Press/Scholastic Inc.*Albert Whitman & Company: Happy 4th of July, Jenny Sweeney!* by Leslie Kimmelman, illustrated by Nancy Cote. Text copyright © 2003 by Leslie Kimmelman; illustrations copyright © 2003 by Nancy Cote.

PHOTO CREDITS GRADE 1 SOCIAL STUDIES

PLACEMENT KEY: (t) top; (b) bottom; (l) left; (r) right; (c) center; (bg) background; (fg) foreground; (i) inset.

COVER: Jon Arnold/DanitaDelimont.com (Sequoia tree)Patty Kenny (Balboa Park); Harcourt (Children).

ENDSHEET IMAGERY: Jon Arnold/DanitaDelimont.com (Sequoia tree); Harcourt (Children); Philip James Corwin/Corbis (Trinidad Lighthouse).

FRONTMATTER: iv-v (bg) Tony Freeman/PhotoEdit; vi-vii (bg) Dwight Ellefson/Superstock; vii (t) Getty Images; ix (t) Leif Skoogfors/Corbis; (br) Tony Freeman/PhotoEdit; x (l) Retrofile.com; (r) Getty Images; xi (bg) Brian A. Vikander/Corbis; (t) Getty Images; xii Bowers Museum of Cultural Art/Corbis; xiii (bg)A. Ramey/PhotoEdit; I2 Gary Conner/PhotoEdit; Corbis; I3 Woodplay of Tampa; I8 Picturequest; Getty Images; I9 Getty Images; Imagestate; I12 Getty Images.

UNIT 1: 1 (t) Zefa Creasource/Masterfile; 2 (b) Bob Daemmrich/The Image Works; (t) Mark Gibson; 3 (tr) David Young-Wolff/PhotoEdit;
(tl) Ellen Senisi/The Image Works; (b) Michael Newman/PhotoEdit; 4 Getty Images; 7 Jay LaPrete/AP/Wide World Photos; 13 (tr) Jim Cummins/Getty Images; (bl) Robert Brenner/PhotoEdit; 14 (t) Cindy Charles/PhotoEdit; 15 Tony Freeman/PhotoEdit; 18-19 (bg) Photo Network; 22-23 (bg) Tony Freeman/PhotoEdit; 24 (b) Shmuel Thaler/Index Stock Imagery; 25 (t) Brand X Pictures; (b) Syracuse Newspapers/The Images Works; 28 Francis G. Mayer/Corbis; 29 (b) (tr) Corbis; (tl) The Granger Collection, New York; 31 (b) Jeff Greenberg/PhotoEdit; 32-33 (bg) Jeff Greenberg/The Image Works; 32 (b) David Young-Wolff/PhotoEdit; (t) PictureQuest; 33 (inset) Getty Images; 34 Chris Cole/Getty Images; 36 (b) Kayte M. Deioma/PhotoEdit; 37 AP/Wide World Photos; 42 Bruce Burkhardt/Corbis; (inset) Mark Gibson; 43 (inset) Courtesy of California State Capitol Museum; (tr) Dave G. Houser/Corbis; (tl) Mark Gibson; (c) Nancy Hoyt Belcher; (b) Will Funk/Alpine Aperture.

UNIT 2: 48-49 (t) Mark Gibson; 51 (tr) Felicia Martinez/PhotoEdit; (c) Getty Images; 52 Galen Rowell/Corbis; 59 (t) Mark Gibson; (b) Mike Mullen; 64-65 (bg) Elizabeth Hansen; 65 (inset) Elizabeth Hansen; 66 (inset) (b) Elizabeth Hansen; 70-71 (bg) Craig D. Wood/Panoramic Images; (b) Galen Rowell/Peter Arnold. Inc.; (t) Lester Lefkowitz/Corbis; 71 (br) Dwight Ellefsen/SuperStock; (bl) Jonathan Blair/Corbis; (t) Mark Gibson; 72 (l) Gayle Harper/In-Sight Photography; (r) Joel W. Rogers/Corbis; 72-73 (bg) Ric Ergenbright; 73 (cl) Alan Pitcairn/Grant Heilman Photography; (bl) Dwight Ellefsen/Superstock; (tl) Lester Lefkowitz/Corbis; (br) Neil Rabinowitz/Corbis; (tr) Roy Ooms/Masterfile; (cr) Terres Du Sud/Corbis Sygma; 74 (tl) Chuck Place; 74 (cr)Joseph Sohm/Visions of America, LLC./PictureQuest; (b) Mark Gibson; (tr) Mark Richards/PhotoEdit; (cl) T. Hallstein/Outsight; 75 (c) Alamy Images; (t) Getty Images; 78 Alfred Eisenstaedt/Time Life Pictures/Getty Images; 79 (tl) (b) Alfred Eisenstaedt/Time Life Pictures/Getty Images; (tr) Courtesy of the Lear/Carson Collection Connecticut College; 80 ThinkStock LLC/Getty Images; 80-81 (bg) AP Photo/Jean-Marc Bouju; 81 (tl) Rainbow; (br) Tom Stewart/Corbis; 83 LWA/Corbis; 84 (c) Getty Images; (r) Kevin Dodge/Masterfile; 85 (tl) Alamy Images; (tc) (tr) Getty Images; (b) The Granger Collection, New York; 90 Sarah J.H. Hubbard/Lonely Planet Images; 90-91 (bg) Bill Lies/California Stock Photo; 91 (tr) (c) Galen Rowell/Corbis; (tl) Lee Foster; (b) Alamy.

UNIT 3: 96-97 (t) Index Stock Imagery; 98 (br) NASA; 99 (b) David Young-Wolff/PhotoEdit; (tr) Dennis MacDonald/PhotoEdit; 100 Tom and Pat Leeson; 103 Charles E. Rotkin/Corbis; 109 The Granger Collection, New York; 110 AP/Wide World Photos; 111 Time & Life Pictures/Getty Images; (inset) University of Rochester Library, Rare Books and Special Collections; 112 (t) Dennis MacDonald/PhotoEdit; 112-113 (b) Yogi/Corbis; 113 (cr) Chris Sorensen/Corbis; (cl) Eric A. Clement/U.S. Navy/Getty Images; (t) Morton Beebe/Corbis; 114 (t) Library of Congress; (bl) Philadelphia Museum of Art/Corbis; 115 Getty Images; (inset) Tony Freeman/PhotoEdit; 118

Normas académicas y destrezas de análisis de Historia y Ciencias Sociales de California

Normas académicas de Historia y Ciencias Sociales
El lugar del niño en el tiempo y el espacio

Source for California Standards: California Department of Education

En primer grado, los estudiantes continúan un tratamiento más detallado de los conceptos generales de derechos y responsabilidades en el mundo contemporáneo. El salón de clases funciona como un microcosmos de la sociedad donde las decisiones se toman respetando la responsabilidad individual, los otros individuos y las reglas según las cuales todos debemos vivir: juego justo, buen espíritu deportivo y respeto por los derechos y opiniones de los demás. Los estudiantes examinan los aspectos geográficos y económicos de sus respectivos vecindarios y los comparan con los mismos aspectos de pueblos del pasado. Los estudiantes exploran los diversos orígenes de los ciudadanos de Estados Unidos y aprenden acerca de los símbolos, iconos y canciones que reflejan nuestra herencia común.

1.1 Los estudiantes describen los derechos y responsabilidades individuales del ciudadano.

1.1.1 Comprender cómo es el proceso de establecer reglas en una democracia directa (todos votan las reglas) y en una democracia representativa (un grupo de personas elegidas establecen las reglas), dando ejemplos de ambos sistemas en el salón de clases, la escuela y la comunidad.

1.1.2. Comprender los principios del juego limpio y del espíritu deportivo, el respeto por los derechos y las opiniones de los otros, y el respeto por las reglas según las cuales vivimos, incluyendo el sentido de *Golden Rule* o regla de oro, es decir, tratar a los demás como quieres que te traten a ti.

1.2 Los estudiantes comparan y contrastan la ubicación absoluta y relativa de lugares y pueblos y describen las características físicas y/o humanas de los lugares.

1.2.1 Ubicar en mapas y globos terráqueos su comunidad local, California, Estados Unidos, los siete continentes y los cuatro océanos.

1.2.2 Comparar la información que puede obtenerse usando un modelo tridimensional y la información que puede obtenerse usando una fotografía del mismo lugar.

1.2.3 Trazar un mapa simple utilizando los puntos cardinales y los símbolos del mapa.

1.2.4 Describir cómo la ubicación, el clima y el entorno físico afectan la forma de vida de la gente, incluyendo los efectos en su alimentación, vestimenta, alojamiento, transporte y esparcimiento.

1.3 Los estudiantes conocen y comprenden los símbolos, iconos y tradiciones de Estados Unidos que aportan continuidad y sentido de comunidad a través del tiempo.

1.3.1 Recitar el "Juramento a la bandera" y entonar canciones que expresan los ideales de Estados Unidos (por ejemplo, *"My Country 'Tis of Thee"*).

1.3.2 Comprender el significado de nuestras fiestas nacionales y el heroísmo y los logros de las personas asociadas con estas fechas.

1.3.3 Identificar los símbolos de Estados Unidos, los lugares históricos y los documentos esenciales (como la bandera, el águila calva, la Estatua de la Libertad, la Constitución de Estados Unidos, la Declaración de Independencia), y conocer las personas y los acontecimientos relacionados con estos.

1.4 Los estudiantes comparan y contrastan la vida cotidiana en diferentes períodos y lugares del mundo, y reconocen que algunos aspectos de la gente, lugares y cosas cambian a lo largo del tiempo mientras que otros permanecen sin cambios.

1.4.1 Examinar la estructura de las escuelas y comunidades del pasado.

1.4.2. Examinar los medios de transporte del pasado.

1.4.3. Reconocer semejanzas y diferencias de las generaciones del pasado en áreas como el trabajo (dentro y fuera del hogar), vestimenta, costumbres, historias, juegos y festivales, a partir de biografías, relatos orales y el folclore.

1.5 Los estudiantes describen las características humanas de lugares familiares y la variedad de orígenes de los ciudadanos y residentes de Estados Unidos en esos lugares.

1.5.1 Reconocer las maneras en que todos formamos parte de la misma comunidad, compartiendo principios, objetivos y tradiciones a pesar de la diversidad de sus orígenes; la diversidad en la escuela y en la comunidad; y los beneficios y desafíos que presenta una población con orígenes diversos.

1.5.2 Comprender cómo los indios americanos y los inmigrantes han ayudado a definir la cultura de California y de Estados Unidos.

1.5.3 Comparar las creencias, costumbres, ceremonias, tradiciones y prácticas sociales de diferentes culturas, a partir del folclore.

1.6 Los estudiantes comprenden conceptos básicos de economía y el rol de la elección individual en la economía de libre mercado.

1.6.1 Comprender el concepto de intercambio y el uso de la moneda para comprar bienes y servicios.

1.6.2 Identificar el trabajo especializado que realiza la gente para fabricar, transportar y comerciar bienes y servicios, y la contribución de aquellos que trabajan en el hogar.

Normas académicas de Historia y Ciencias Sociales

Destrezas de análisis de Historia y Ciencias Sociales

Las destrezas intelectuales mencionadas más adelante están destinadas a ser aprendidas y aplicadas a las normas académicas de kindergarten hasta quinto grado. Deben ser evaluadas *solo con relación* a las normas académicas de kindergarten hasta quinto grado.

Además de las normas académicas de kindergarten hasta quinto grado, los estudiantes demuestran las siguientes destrezas intelectuales, de razonamiento, reflexión e investigación:

Pensamiento cronológico y espacial

1. Los estudiantes ubican eventos clave y personajes históricos del período que están estudiando en una secuencia cronológica y en un contexto espacial; interpretan líneas cronológicas.

2. Los estudiantes emplean correctamente términos vinculados con el tiempo, como *pasado, presente, futuro, década, siglo* y *generación*.

3. Los estudiantes explican cómo se relacionan el presente y el pasado, identificando sus semejanzas y diferencias, y de qué manera ciertos elementos cambian con el tiempo y otros permanecen igual.

4. Los estudiantes usan destrezas con mapas y globos terráqueos para determinar la ubicación de lugares e interpretar la información disponible a través de las leyendas, la escala y las representaciones simbólicas del mapa o el globo terráqueo.

5. Los estudiantes evalúan la importancia de la ubicación relativa de un lugar (por ejemplo, la proximidad a un puerto, a rutas comerciales) y analizan cómo las ventajas y desventajas relativas cambian con el paso del tiempo.

Investigación, evidencia y punto de vista

1. Los estudiantes diferencian las fuentes primarias y las secundarias.

2. Los estudiantes plantean preguntas importantes sobre los hechos que encuentran en documentos históricos, testimonios, relatos orales, cartas, diarios personales, objetos del pasado, fotografías, mapas, obras de arte y arquitectura.

3. Los estudiantes distinguen entre la ficción y los hechos comparando fuentes documentales de figuras históricas y eventos reales con personajes y eventos de ficción.

Interpretación histórica

1. Los estudiantes resumen los eventos clave del período histórico que están estudiando y explican los contextos históricos de esos eventos.

2. Los estudiantes identifican las características humanas y físicas de los lugares que están estudiando y explican cómo esos rasgos conforman las características particulares de esos lugares.

3. Los estudiantes identifican e interpretan las causas y efectos múltiples de los eventos históricos.

4. Los estudiantes realizan análisis de costo-beneficio de eventos históricos y contemporáneos.

Faro de Trinidad en la bahía de Trinidad, California